前　言

近年来，中国海水养殖业一直处于稳步发展态势，尤其是进入21世纪，中国坚持“以养为主”的发展方针，促进了海水养殖业朝着多品种、多模式、工厂化和集约化方向发展，综合生产能力大幅提升，但产业的发展长期以来依靠养殖要素投入增加产值，忽略了养殖水域的生态平衡和环境保护，致使水产养殖因受到资源制约、环境污染等因素的困扰而难以持续高效发展。资源与环境的刚性约束已成为今后长时期制约我国海水养殖业可持续发展的主要因素。消费者食品结构发生变化，更关注海产品质量安全问题，从我国海水养殖的发展现实出发，加强养殖过程管理，进一步依靠科技进步和养殖模式更新，提高养殖产量的同时还要关注环境保护问题。因此，我国海水养殖业的发展不仅要考虑投入要素节约和经济增长的问题，还必须充分考虑自然资源和环境保护问题，实现资源节约、环境保护和经济增长的可持续发展。在新形势下，追求增产、节能、减排、环保综合效益最大化的生态化发展模式将成为海水养殖业未来发展一个方向。

本书以我国海水养殖产业发展为研究对象，对我国海水养殖业的生态化转型展开论述。本书分析了我国海水养殖业的发展现状，并将环境要素引入传统的生产率分析框架，基于环境约束的视角系统地分析我国海水养殖业的生产率问题，进一步佐证了发展海水生态养殖的必要性，并在此基础上构建海水养殖业环境全要素生产率的影响因素面板数据模型；从海水养殖生态转型过程中参与主体的互动机制出发，分析海水养殖产业的微观主体特征如何影响其生态化发展，推导生态养殖模式转变的演化路径，以及在实现生态养殖模式转变过程中如何有效提升养殖户对新模式的采纳，为制定有利于我国沿海海水养殖业健康可持续发展的公共政策提供科学依据，从而推进海水生态化养殖和海洋环境保护的协调发展。本书的主要内容和结论如下。

研究内容一：海水养殖生态化发展的基本理论与发展实践。

本部分系统论述了海水养殖生态化发展的科学含义、发展目标和特征、主要发展模式以及重要作用和意义；比较分析了国内外海水生态养殖的发展情况，并总结了发展经验。①海水养殖生态化发展要求在养殖过程必须要体现生态发展的目标，并且不断深化和扩散；另外，养殖过程中要注重生态学原理和方法的应用。海水养殖生态化发展本质上是生态目标与养殖活动协调发展的养殖模式。②海水生态养殖的优越性

福建省社科研究基地宁德师范学院“闽东特色乡村振兴之路研究中心”(闽社科规[2020]1号)
福建省高校特色新型智库“精准扶贫与反返贫研究中心”(闽教科[2018]50号)　资助
福建省财政专项研究课题“福建海洋经济强省建设研究”(闽财教指[2014]78号)

环境约束下海水养殖生态化发展研究

张　群　魏远竹　著

中国农业出版社
北　京

体现在它的发展目标和特征中。海水生态养殖要实现生态、经济和社会统一协调发展。海水生态养殖产业发展具有系统性、高效性、持续性和适度性等方面特征，这说明该种养殖模式符合生态养殖的本质内涵，同时兼具产业自身的发展特点，是充分体现养殖活动与生态环境的本质关系和发展规律的养殖模式。③我国海水养殖生态化发展的特征主要是政府政策推进、示范引领、多种模式并存、综合技术应用，出现了诸如浙江、山东等代表省份的典型发展案例。海水生态养殖发展潜力巨大，但也面临挑战。④对国际上渔业发展典型国家包括加拿大、以色列、挪威以及日本的海水生态养殖情况进行了分析，总结了这些国家实现海水养殖生态化发展的主要经验，主要包括重视法规和制度作用、支持水产养殖科技研究以及注重水产品质量安全问题等。

研究内容二：环境约束下海水养殖生态化发展的评价分析。

本部分通过将海水养殖业非期望产出—养殖污染引入到海水养殖业生产率核算体系中，分别从静态和动态两个方面核算环境约束下我国海水养殖业的技术效率和全要素生产率，并与不考虑环境约束情况的技术效率和全要素生产率进行比较。把我国海水养殖发展现状以及生产率测算结果相结合，提出我国发展生态化养殖的必然性问题。主要结论包括：①考虑或者不考虑环境因素对我国海水养殖业生产效率的测算结果有显著影响，传统的没有考虑环境约束的效率计算是片面而不准确的；②从总体特征角度分析，我国海水养殖业发展虽然对海洋环境产生了一定的影响，但是还没有进入不可逆的状态；③不论是考虑环境约束或者不考虑环境约束，我国海水养殖产业的技术进步是提高全要素生产率的重要贡献因素；④从区域差异的角度分析，环渤海经济圈和东海经济圈海水养殖业的环境技术效率明显低于南海经济圈，但是环渤海经济圈和东海经济圈海水养殖业的环境全要素生产率年均增长率明显高于南海经济圈；⑤从省际差异的角度分析，各省市在环境技术效率和环境全要素生产率问题上表现并不同步，差异较大；⑥从不同的发展阶段来看，我国主要省份海水养殖的投入产出以及产业布局发生了显著的变化。

研究内容三：海水养殖业环境全要素生产率影响因素的实证分析。

本部分利用海水养殖生产率估算的数据，结合主要影响因素选取相应变量，构建面板数据固定效应模型对影响海水养殖业生产率的主要因素进行分析，以获得影响海水养殖生态化发展的实证结果。主要结论如下：①明确了渔民收入水平与海水养殖业环境全要素生产率之间存在“正U形”的二次关系；②财政支持政策对海水养殖业环境全要素生产率的正向影响显著；③海水养殖产业集聚水平对环境全要素生产率具有正向显著影响，这说明海水养殖环境全要素生产率随着养殖产业发展的专业化程度提高而提高；④水产行业的贸易开放度对海水养殖业的环境全要素生产率具有正向显著作用；⑤养殖技术服务水平对海水养殖环境全要素生产率具有正向显著作用，这说明提高养殖技术人员的服务水平，可以有效提升海水养殖环境全要素生产率水平。

研究内容四：海水养殖户发展生态养殖的意愿及影响因素分析。

本部分利用在典型海域的典型海水养殖产业进行调研获得的微观数据构建了Logistic模型，实证分析海水养殖户采纳生态养殖模式意愿情况及其影响因素。实证结果表明：教育、务农人数、海水养殖环境污染认知、生态养殖模式了解程度以及对养殖污染治理政策了解程度5个变量对海水养殖户采纳生态养殖模式意愿会产生影响。根据模型实证结果，本书提出要积极发挥政府在提高海水养殖户对生态养殖模式的采纳意愿上的作用，从加强生态知识宣传，加强生态技术培训；提高政策透明度以及关注海水养殖中的核心养殖户等方面积极作为，提高海水养殖户采纳生态养殖模式的意愿。

研究内容五：环境约束下海水养殖生态化发展的演化机制分析。

考虑到海水养殖生态化转型涉及各参与主体的核心利益变化，从海水生态养殖参与主体的微观视角出发，构建海水养殖生态化发展的转型机制。①从海水养殖户之间的博弈来看，一方面，所有海水养殖户都演化为采纳生态养殖模式的情况往往发生在采纳生态化养殖模式的海产品市场销路更好，收益更多，并且生态化养殖所需增加的投资成本不高的条件下。另一方面，关于生态化养殖模式转变过程中海水养殖户之间的博弈存在“搭便车”的现象，这会在一定程度上降低海水养殖户采纳生态化养殖模式的概率。②从供应链视角来看海水养殖户和水产企业之间博弈，海水生态养殖水产品收购价格，投资生态养殖水产品企业出售价格，水产企业不投资生态化养殖的情况下的成本对系统演化到海水养殖户采纳生态化养殖、水产企业投资生态投资的概率有正向影响。海水养殖户采纳生态化养殖的成本对演化概率的影响则不固定，依据水产企业的投资策略而有所差异。③从海水养殖户与政府的演化博弈结果来看，只要海水养殖户实行生态化养殖模式带来的收益高于非生态养殖的收益，且两者都为正值，则不论政府是否实行监管，养殖户的最优选择都是采用生态化养殖模式。政府对养殖户的生态养殖投资给予的补贴率越高，则养殖户越容易选择采纳生态养殖策略，而政府最终选择放弃监管。政府监管机制下，如果政府对那些未采用生态养殖模式的行为收取罚款，一开始可以加快海水养殖户选择生态养殖，但是一旦罚款太高，海水养殖户向生态转型的速度反而下降。

研究内容六：我国海水养殖生态化发展的推进策略。

本部分提出海水养殖业生态化转型的推进策略，初步建立海水生态养殖产业的政府扶持政策体系以及组织制度创新安排。①海水生态养殖离不开政府的大力扶持，政府的政策倾向及具体政策支持对海水生态养殖有着重要的影响作用。首先，政府相关管理部门通过规范养殖海域使用与海域流转、对海水生态养殖提供财政和税收支持、加强海水生态养殖基础设施建设等一系列政策和措施，为海水生态养殖提供相应的技术支撑和信息服务，从而更好地推动海水生态养殖发展。②其次，在推动海水养殖生态化转型中要注重海水生态养殖发展中的组织制度创新，强化养殖主体的核心作用，加强龙头企业建设，强化渔业专业合作组织建设。

目　录

1 导论

1.1 研究背景与研究意义

1.1.1 研究背景

(1) 水产养殖市场需求巨大，我国海水养殖业稳步发展。

借助海域资源、通过人工劳动主动获得水产品的海水养殖业是长期满足人类持续增长的优质天然海水产品需求的重要途径。实践证明，海水养殖业已经成为许多国家对食物安全、经济发展、产业结构调整、贸易平衡做出重要贡献的产业。2014 年2 月，世界银行、联合国粮农组织和国际粮食政策研究所共同发布的“2030 年渔业与水产养殖业前景报告”指出，随着第三世界国家中产阶层的兴起以及全球捕鱼量的减少，到2030 年，全球三分之二的食用鱼将来自水产养殖业。面对如此巨大的消费市场与需求量，现代海水养殖业将成为世界渔业的发展方向和主流。

我国海水养殖历史悠久，取得了稳步发展，已成为世界第一海水养殖大国。根据渔业发展情况，国家及时调整了发展策略，在“以养为主”的方针政策指导下，不断调整养殖品种结构，实现多样化、优质化养殖；同时积极探索各种养殖新模式。中国海水养殖产业不仅产出总量大，而且发展速度迅猛。利用先进技术成果，海水养殖发展过程中机械化和自动化水平大大提高，因此也带动了养殖产业化程度，有些养殖区基本实现了苗种繁育、标准化养殖以及水产加工一体化生产。我国海水养殖业发展的另一个趋势特点是海水养殖模式实现多样化发展，健康生态养殖正逐步推进。

（2）消费者食品结构发生变化，更关注海产品质量安全问题。

海产品因其高营养、低脂肪逐渐成为居民日常饮食中的重要组成部分。随着人们收入水平的不断提高，消费习惯有所改变，消费的食品结构也不断调整，对海产品的消费量逐步增加；海产品同时也是我国出口贸易的重要部分，因此，海产品供应仍然面临着较大的压力。

随着我国海水养殖业迅速发展，海产品质量安全问题也逐渐暴露出来。网络化、信息化发达的今天，人们对海产品质量安全问题也更加关注。虽然从产业链角度看，海产品质量安全问题是一系列复杂问题的系统性工程，涉及国家食品法规标准、质量监督、企业诚信等各方面的问题，但是如何从源头上保证海产品的质量安全，是整个工作的关键和突破口。这就对海水养殖产业的生产模式提出了新要求。如何实现健康养殖、绿色养殖等一系列新型养殖技术和模式的创新发展以满足消费者对于海产品质量品质的追求，成为海产品供应过程中需要考虑的重要问题。

（3）我国海水养殖环境污染问题日益突出，国家环境规制日趋严格。

我国海水养殖规模虽然大，但是也同样存在养殖密度高、水域超负荷发展等问题。超负荷养殖导致水质变差、养殖病害时有发生，生产风险上升，养殖自身污染对环境的影响已成为海水养殖密集区海水富营养化和赤潮发生的一个重要影响因素。

为了解决我国海水养殖中出现的这些问题，国家已经颁布了相应的法规，并采取专门行动对海水养殖产业实行规制和管理，比如从 2016 年开始，国家严禁养殖场所污水污泥排放，2017 年下半年又实行海洋督察，可见国家的环保整顿行动对水产养殖业的发展提出了更高的环保要求，这在促进产业优质发展的同时也对产业发展产生制约作用。2017 年，中央第四环境保护督查组对海南全省海水养殖无序发展，养殖污染和海岸线破坏情况严重，违规占用自然保护区和沿海防护林等情况提出批评。高压海洋环保督察态势下，我国各沿海省市海水养殖业面临严峻考验。环境保护是国家发展大局的需要，海洋生态环境保护，不仅是保护我国沿海的生态屏障，而且有助于地区经济的可持续发展。随着国家环境规制日趋严格，也要求海水养殖产业摒弃传统高污染、低效率的发展模式，寻求可持续的健康养殖模式。

(4) 粗放式养殖弊端凸显，生态化发展是我国海水养殖业的必然选择。

我国海水养殖业的发展长期以来依靠养殖要素投入，对渔业资源开发利用缺少规划，忽视了养殖水域的环境保护问题，资源与环境的刚性约束已成为今后长时期制约我国海水养殖业可持续发展的主要因素。因此，依靠养殖技术突破，实现养殖模式创新发展以及高效化养殖管理，提高我国海水养殖生产活动与养殖海域环境保护协调发展是我国海水养殖业发展的重要导向。

中央和地方政府的政策和资金支持，如海洋强国战略、《国务院关于促进海洋渔业持续发展的若干意见》、中央 1 号文件、农业部关于加快推进渔业转方式调结构的指导意见等为发展海水养殖业提供了良好的机遇。2013 年国务院发布《关于促进海洋渔业持续健康发展的若干意见》，进一步明确了海洋渔业在经济社会发展中的战略地位，指出要进一步加快推进海洋渔业发展方式的快速转变，极大地推动了海洋渔业持续健康发展。可见，我国海水养殖业的发展不仅要考虑投入要素节约和经济增长的问题，还必须充分考虑自然资源和环境保护问题，实现资源节约、环境保护和经济增长的可持续发展模式。在新形势下，追求增产、节能、减排、环保的综合效益最大化的生态集约化发展模式将成为海水养殖业未来一个重要的发展方向。

1.1.2 研究意义

(1) 理论意义。

目前对海水生态化养殖的研究已经取得了一定的成果，但是这些研究多是从养殖技术、养殖模式介绍等方面进行研究，而对海水生态养殖模式转变的影响因素、内在机制及养殖户行为等方面的研究相对较少。

首先，本书通过构建模型，引入养殖污染为非期望产出，对环境约束下我国海水养殖业发展的生产效率进行分析，论证我国海水养殖业实现生态化养殖模式转变的必然性；并以此为基础分析海水养殖业环境全要素生产率和各影响因素之间的关系，说明我国海水养殖实现生态化转型面临的主要约束和促进条件，在研究思路上有一定突破性。

其次，从海水养殖生态化发展的微观主体入手，一方面对海水养殖户的生态化技术采纳意愿进行分析，另一方面考虑养殖户、水产企业、政府等主体的利益诉求和互动行为，构建演化博弈模型讨论海水生态养殖模式转变的内在机理以及演化路径，研究方法更有科学性和实用性。

最后，本书结合养殖业生产率结果和养殖户微观主体特征，在宏观分析和微观机制分析之间建立了联系，形成了“海水养殖户行为—海水养殖产业生态化—海水养殖经济发展”的分析脉络，构建了海水养殖生态化发展的理论分析框架，对后续的研究具有一定的参考作用。

(2) 现实意义。

首先，研究环境约束下海水养殖业生产效率及其主要的影响因素，有助于更深入地把握我国海水养殖业存在的问题，在此基础上探索环境友好的养殖模式和发展路径，有利于优化海水养殖业养殖结构、改善资源配置效率，摒弃完全依靠资源开发和规模扩大的增长模式，缓解人与海的矛盾，最终有利于推动海水养殖业经济发展方式转变，以推动我国从“渔业大国”向“渔业强国”转变。

其次，从海水养殖参与主体的互动行为角度分析海水养殖生态化发展的模式转变过程，可以厘清海水生态化养殖中的主体特征，探析在市场机制和政府监管机制下生态养殖模式的演化机制，在此基础上提出促进海水生态化养殖发展的对策和建议，为我国海水养殖产业的生态化发展之路提供保障，具有一定的现实指导和实践意义。

1.2 研究进展与研究评述

1.2.1 海水生态养殖的研究进展

基于海水养殖产业在现实生活中的重要作用，学界很早就关注海水生态养殖问题。但是，通过对国内外文献数据库的搜索、整理，发现目前直接以海水生态养殖为题开展系统性研究的经济学文献并不多见，较多的研究是关于海水生态养殖的技术应用。本研究主要针对海水生态养殖的主题研究进行梳理文献，由于国外文献中更多的是以多营养层次综合养殖模式(Integrated Multi-trophic Aquaculture，IMTA)为主题的研究，因此，这一方面的外国文献也主要以IMTA研究梳理为主。

(1) 海水生态养殖的内涵及作用研究。

考虑到海水养殖产业对海洋生态系统的影响，传统的政府政策或者养殖管理方法虽然有一定的成效并且不断强化，但是这些政策或者方法对于促进海洋生态系统平衡及水产养殖与海洋环境耦合发展等问题收效甚微，这使得政府、学界和技术人员都更加关注从生态系统的角度寻找对应的管理政策[1,2]。国外文献中对生态养殖问题的研究，集中于对多营养层级综合养殖模式（IMTA）的研究。多营养层次综合养殖通过从较高营养水平的物种中回收营养废料，再利用于生产具有商业价值的较低营养水平的物种，有效促进了水产养殖的可持续性发展[3,4]。相比其他仿生方法一般只涉及生产者的额外成本，IMTA 是唯一一种通过增加商业作物而提高养殖总收入的方法[4]。典型的 IMTA 系统的目标是将非饲喂水产养殖物种与饲喂物种相结合，产生更多可收获的生物量以及获得更高利润。该养殖模式下的经济、环境和社会效益还包括增加产品多样性、通过改善环境条件以达到改善生态系统服务的目的、发展相关产业、扩大就业机会和社会接受度等[5]。2017 年，Schmidt 等在《水产养殖多样化：可持续发展的工具》中指出 IMTA 可以潜在地推动生态效率、环境可接受性、产品多样性、盈利能力，因此被广泛地认为是水产养殖可持续发展的巨大希望[6]。基于生态系统平衡的多营养层次综合养殖模式研究，国外研究中基本都赞同该种模式是一种可持续发展的生态养殖模式[6]。

关注水产养殖的可持续发展问题，在我国出现了绿色养殖、健康养殖、环境友好型养殖、碳汇渔业、循环养殖及生态养殖等各种不同提法，虽然提法不同，但是其本质内涵是一致的。这些概念强调了养殖产业高产量发展的基础是对生态环境的保护与建设，要求在充分提高生态系统潜在生产力的基础上，促进水产养殖经济的全面发展，实现生态、社会与经济的良性循环。

2008年，方建光和唐启升就提出多营养级的综合养殖模式是一种可持续发展的海水养殖理念，稳定的资源、守恒的系统、营养物质的再循环是生态系统的重要因素，这种水产养殖的绿色革命是解决水产养殖发展与环境保护之间的矛盾，保证水产养殖业健康发展的有效途径之一[7]。孙吉婷（2011）等分析了碳汇渔业的内涵以及意义，认为发展碳汇渔业可以大大拉动经济增长，实行海洋生态系统立体化养殖是能够实现环境效益和经济效益的绿色低碳养殖模式[8]。盛立超（2012）以湛江海水养殖业为例，指出走清洁生产模式的道路，研究和推广多营养层次综合养殖新生产模式的生态养殖战略，是海水养殖业走可持续发展道路的必然选择[9]。唐启升（2014）从现代渔业的新增长和水产养殖的生态服务作用两方面指出了发展绿色、可持续的水产养殖的重要意义；认为发展绿色水产养殖可以推动渔业增长方式的转变[10]。刘堃（2015）界定了海水健康养殖的概念，并与传统养殖模式进行比较，指出海水健康养殖的重要特征是能有效利用海洋环境的水体自净功能，他认为针对当前我国海水养殖的发展现状，积极发展海水健康养殖是转变海洋渔业发展方式和建设现代渔业的战略选择[11]。方建光（2016）梳理了世界上水产生态养殖与新养殖模式的发展情况，指出水产生态养殖发展战略研究的重要性，主张对传统的水产养殖进行改进和完善，促进发展环境友好型生态养殖，这有利于实现生态水产业的健康、高效和可持续发展[12]。秦宏（2017）虽然没有直接研究海水生态养殖问题，但是他提出了从养殖生态经济系统的角度分析养殖生态化发展问题，探讨了海水养殖生态经济系统的概念、构成和运行机理，提出实现生态、经济和社会三个子系统之间的协调发展有助于促进海水养殖业的可持续发展[13]。他提出要加强近浅海生态型、环境友好型海水养殖新技术、新模式的发展和推广应用[13,14]。这为研究海水生态养殖提供了直接的基础理论。

在海水养殖生态化发展基本内涵基础上，有部分学者对海水养殖的生态化转型路径进行了阐述。孙兆明（2012）指出，生态化养殖遵守生态系统内在的物质循环和能量转换规律，是以生态环境承载力为基础，以生态化科技为支撑的养殖方式。生态化养殖的特点是突出生态的作用，以浅海多营养层次综合养殖为重要代表模式，他认为应该以系统经济模式为导向，把浅海 IMTA 模式和深海牧场建设相结合，综合考虑水产养殖供应链上的各个环节，最终实现海水养殖转型发展[15]。王夕源（2013）研究山东半岛海洋经济区生态渔业发展问题，提出发展海洋生态渔业的体制建设和对策建议，体制建设包括强化科技先导机制，创建生态补偿制度，建立生态环保体系等；以生态保护为核心特征的海洋生态养殖，必然成为新时期海洋渔业养殖的主导与主流模式，要把实施浅海生态养殖与开发深海规模养殖相结合发展海水生态养殖[16]。

（2）海水生态养殖模式案例及其效果评价研究。

从简单的鱼种混养到精细化的多营养层次综合养殖，从偶发性的养殖生态系统研究到实验室或养殖场的生态工程实践，国内外学者特别是养殖科技工作者致力于对海水生态养殖模式或技术的探索，取得了丰富的成果。

Nobre 等（2010）利用南非养殖场的数据，评估鲍鱼单一养殖向加入海藻的 IMTA 系统的转变对主要利益相关者的环境和经济影响，并将南非的鲍鱼—海藻模式与以色列实行的鲍、鱼和海藻三种养殖物构成的 IMTA 系统中的营养物质平衡进行对比分析，通过模型量化证明了 IMTA 配置可以减少对邻近沿海生态系统的压力而给环境和公众带来更大利益[17,18]。随着能源成本的增加以及可能采用的污染税政策，与单一养殖鲍鱼的养殖场相比，实施 IMTA 的养殖场的经济诱因比单一鲍鱼养殖多，预期两种物种或者三种物种混合养殖的 IMTA 养殖场将成为一种行业发展规范[17]。Cubillo (2015) 应用数学模型分析了堆肥饲料在综合水产养殖中的性能，开发和测试的模型为提高对 IMTA 系统动态的理解以及帮助预测 IMTA 养殖场的生产力和盈利能力提供了一个研究工具[19]。Fernandez 等（2018）分析了海水养殖 IMTA 模式中进行的两栖动物养殖试验，通过建立主要养殖废弃物养分吸收体系，促进了海洋环境水产养殖的可持续发展，这也说明了栽培物种多样化是开发 IMTA 系统的一个有吸引力的关键点[20]。Yu 等（2016c）以中国南方大鹏湾海域的鱼类和贝类养殖为研究对象，将本地马尾藻作为生物滤池引入牡蛎养殖场和鱼类养殖场并研究了一系列指标变化，结果显示，在大鹏湾大规模养殖半叶链球菌，可以有效缓解养殖业对整个海湾生态系统的整体环境影响，其中最典型的模式就是鱼—贝—藻综合养殖模式[21]。

在陆基鱼—贝—藻 IMTA 系统中，经过罗非鱼等鱼类养殖池流出的废水，首先作为牡蛎、蛤等滤食性贝类的养殖用水，利用贝类的滤食性，提高海水的透明度，同时去除悬浮的固定大颗粒，养殖海水又被用于石莼、江蓠等大型藻类的栽培，大型藻类有效降低了养殖海水中的有机物含量，且养殖的石莼藻体的蛋白质含量比野生石莼藻体的蛋白质含量高出数倍，可以为鲍和海胆提供优质饵料。养殖排放的海水，仅10%～20%排入海中，其余的海水则循环用于鱼类、鲍和海胆养殖。同时，氮收支结果表明，鱼类、滤食性贝类、藻类分别同化了饲料中21%、15%、22%的氮，仅有约10%的氮排入海中[22,23]。

以我国黄海海区桑沟湾的生态养殖模式为例，该海域于1996年在我国最早实施大规模IMTA养殖，发展了很多生态养殖的结构模式，目前包括鲍鱼—海带筏式综合养殖，鱼—贝—海带筏式综合养殖模式以及鲍—海参—菲律宾蛤仔—大叶藻底播综合养殖模式等多种综合养殖模式，这些不仅净化水体，而且提高了养殖收益[24,25]。唐启升等（2013）以桑沟湾为例，测算了湾内各种海水养殖模式的核心服务价值，结果表明多营养层次综合养殖模式的食物供给功能服务价值和气候调节功能服务价值都要远胜于单一品种的养殖模式[25,26]。

申玉春（2004）构建了虾、鱼、贝、藻多品种循环水生态养殖系统，通过水质生物调控系统对虾池水质环境进行生物调控，发现循环系统内虾池的相关污染物总量明显降低，排放水不处于富营养化状态，该系统不仅有助于提高虾产出和其他鱼贝藻产品产出，有助于增加饲料利用率和经济效益，还具有防病、环保等特点[27]。彭友贵（2004）、黄凤莲（2005）等考察了滩涂海水养殖生态模式，选择海桑、秋茄和桐花树这3种红树植物构建红树林植物与滩涂海水养殖耦合的新型人工生态系统，该系统能促进养殖动物的健康成长，提高养殖产量，系统还具有显著的海水净化效应[28,29]。黄凤莲（2005）指出红树林植物与滩涂海水养殖耦合的新型良性循环人工生态系统，能很好地实现生态效益、经济效益与社会效益三者有机结合，是实现滩涂海水养殖可持续发展的一种新模式[29]。梁斌等（2010）在江苏省扬中市开展池塘养殖试验，以草鱼为主养鱼种，比较研究美国80∶20生态水产养殖模式（养殖占80%渔获量的单种主养鱼和20%的滤食性鱼类）与传统混养模式对池塘水质和底质的影响。试验结果表明，生态养殖池塘鱼类产量和经济效益以及生态效益都显著优于传统混养。总体来看，80∶20生态养殖模式较传统混养体现出明显的优势[30]。

王海华等（2013）以2008—2011年江西省鄱阳湖水域开展的加州鲈规模化网箱生态养殖试验为研究案例，利用各项数据和指标对养殖效益和生态经济效果进行了综合评估，结果表明经济效益逐年递增，生态效益也逐年递增。作者还测算了加州鲈网箱生态养殖模式下固碳、氮、磷的能力，初步评估了该模式的碳汇价值和氮磷污染消减潜力，肯定了这一生态经济途径及其推广实施的价值[31]。任贻超（2012）研究了刺参池塘养殖中不同混养模式生物沉积作用以及生态效应，建立了一种新型立体式、交错式刺参综合养殖模式，证明了多层次综合养殖不仅可以提高刺参产量还可以收获其他贝类、对虾等水产品，并且利用底部生物沉积物还能获得更多海参产品[32]。王恩辰（2015）分析了海洋牧场的建设以及升级发展问题，指出海洋牧场养殖是一种生态友好型养殖方式，是解决海洋渔业可持续发展与海洋环境不断恶化的重要方案之一[33]。

（3）海水生态养殖模式推广问题研究。

国外文献中对海水生态养殖模式推广问题的研究集中表现在对IMTA推广问题的关注。对于IMTA这样的养殖实践来说，要实现其潜力，它们必须为社会所接受，而这可能取决于关键利益相关者的满意程度[34]。Alexander（2016）对6个国家的相关利益群体进行深度访谈，发现对IMTA的认识和理解水平在各个利益相关的群体和国家之间存在差异；研究表明采用IMTA模式的环境风险、治理风险和行业本身风险均有所增加，但利益相关者认为，可以通过研究、教育和立法变革来解决这些风险来源[34]。

Hughes和Black（2016）指出欧洲学术界和监管机构对IMTA养殖模式有兴趣，但迄今为止，在商业上对这一概念的采用是有限的，作者主张从个体养殖户或企业在采用新模式中的得失角度来看待这个问题。作者分析了个体养殖户或公司从传统的鲫鱼生产业务向 IMTA 系统进行多样化经营的得失情况。结果表明，这一转换的得失平衡还不够积极、正面，不足以推动欧洲大规模采用 IMTA，而在亚洲地区，转换中得失的平衡为 IMTA 的采用和实践提供了更好的支持[35]。可能有几个因素不利于目前欧洲海水养殖中 IMTA 的商业化，包括养殖户获取直接经济利益不足、需要更高效的综合农业系统、需要降低 IMTA 系统中特有的物种选择和提取的复杂性并允许对各种物种进行处理，以及更好的政策支持和监管机构来启用和激励采用 IMTA[35,36]。Alexander 和 Hughes（2017）的研究介绍了欧洲 FP7 项目 IDREEM① 的一部分养殖企业建立非正式的“实践社区”，该社区通过研究和商业化工作，建立和运行欧洲各地的 IMTA 养殖系统。结果表明，欧洲在建立和运行 IMTA 养殖模式过程中有三个主要的问题：缺乏现有的 IMTA 网站许可程序以及获得许可的时间限制；受环境问题的限制；藻类的干燥和储存问题[36]。

Periklis（2018）采用开放式问题的结构化问卷对有 IMTA 经验的农民和科学家进行了定性调查采访，探究了 IMTA 尚未成为欧洲海水养殖业的商业现实的原因。通过采访发现欧洲发展 IMTA 存在的主要障碍是：生物、冲突、环境、利益、立法、市场、运营、研发和破坏。九个类别中每个类别的重要性因所在区域的不同而不同，这表明，要进一步发展和采用 IMTA，来自几个学科的利益相关者和人员的参与是必要的（即生物学家、经济学家、工程师、农场管理人员、建模人员、监管者、利益相关者和统计人员）。这项工作确定了欧洲 IM-

① IDREEM 项目实施时间为 2012—2016 年，得到欧洲委员会 FP7 计划中环境项目的支持，IDREEM 项目支持欧洲各地的渔民开发不同的养殖系统，在他们现有的养殖设施中引进综合多营养水产养殖（IMTA）。

TA可能遇到的许多挑战，并提出了可能受益的重点研究和开发领域[37]。

国内对海水生态养殖模式的推广问题以及影响因素的分析涉及体制、技术以及生态认知等各个方面的研究。马雪健（2016）认为多营养层次综合养殖模式的应用推广受到技术制度发展水平的制约，该养殖模式的应用实践中，需要综合考虑当地沿海资源环境要素、生态系统要素、产品的市场需求和生态位差异等，同时该模式对养殖管理的要求更高，实践的难度与成本也更大[38]。关于生态养殖发展的主要影响因素问题，陈涛（2010）从体制的角度开展研究，认为生态养殖技术推广中的体制性缺陷是造成推广困境的主要原因[39]。以整个渔业发展为例，董晓晓（2012）指出海洋渔业的生态化发展要考虑国际合作因素，海洋渔业生态化转型与国际合作是相辅相成的，一方面海洋渔业生态化转型要求产业结构合理、生产要素配置均衡，形成开放、统一、竞争有序的国内市场体系；另一方面，生态化转型要求有资金技术方面的支持，国际合作的引入会推进我国海洋渔业招商引资与技术引进，实现海洋渔业生态化转型又好又快发展[40]。马林（2007）建立了海产品供应链与海水生态养殖的博弈模型，分析了中间商对生态养殖模式推广的影响，结果表明相对于无中间商的供应链，有中间商的供应链更有利于生态养殖模式的推广，该种模式还有助于提高养殖户收入[41]。蒋艳萍（2014）对广东水产行业生态养殖现状进行了调查，指出阻碍水产生态养殖业发展的因素主要有技术及产业链问题、行业不规范、观念习俗影响等[42]。虞为（2011）从生态学角度诠释了对虾生态养殖的原理，系统地阐述了我国对虾生态养殖的主要模式，指出通过技术推广和人才培养双管齐下，以提高我国对虾生态养殖业的科技含量、改善从业人员科学文化素质，促进对虾生态化养殖产业的发展[43]。

1.2.2 海水养殖效率评价研究进展

随着海水养殖产业的不断发展，随之而来的养殖污染问题也日益得到关注。在进行海水养殖产业的效率评估时，也应该要把环境因素纳入框架中。考虑环境约束下的海水养殖产业发展，各种生态化养殖模式正逐步被关注、试验或实践，生态化养殖模式充分考虑生态、经济和社会等各方面协调发展，是实现未来海水养殖高质量、可持续发展的重要途径。根据研究的重点，本书把海水养殖效率评价的文献单独列出进行梳理。

(1) 环境效率的测算研究。

传统技术效率的估计主要采用数据包络分析方法（DEA）与随机前沿分析法（SFA）两种。但是生产过程中除了正常的产出，有可能会带来产出的副产品，比如污染等，因此估算考虑环境污染等非期望产出的生产效率，也就是环境技术效率，要对非参数的DEA模型进行改进，纳入环境污染的非期望产出问题，这是环境效率评估方法的主要特征[44]。简单归纳起来，常见的对非期望产出问题有以下三种转换思路。

一是将非期望产出转换成投入变量[45,46,47]，以正常期望产出作为中间变量，将非期望产出与之建立关系，然后基于这个数量关系再将非期望产出转换成投入要素[45,46]。二是直接对非期望产出进行处理。既然非期望产出是期望产出的相反面，那么就把它认为是负的期望产出，然后再通过技术变换使之成为正值[48,49]。三是使用距离函数法。Atkinson等（2005）假设以产出为导向，以投入距离函数来反映偏离生产前沿的多投入函数，也表示污染技术[50]。这种方法下的另一种考虑思路是在多产出的生产函数中伴随着好产品的生产引入一种或者多种坏产品，对生产中排出的污染不进行约束，主要通过非线性处理，形成各种不同的估计模型。经过不断改进和发展，Tone（2001）构建了非径向、非角度的 CCR-SBM 模型[51]。对非期望产出问题的数学处理方法的研究已经比较成熟，每一种方法都有其优缺点和适用性，刘勇（2010）认为基于松弛变量测度的 SBM 模型不仅考虑非期望产出问题，而且涉及产出的松弛变量问题，并且克服了角度和量纲问题的缺陷，因此在估计环境约束的效率问题时具有较好的优越性[52]。

(2) 国外关于水产养殖效率的研究。

国内外关于环境效率的研究成果主要体现在工业领域，在大农业视角下研究农业环境效率的文章也比较多，但是对于水产养殖业尤其是海水养殖业领域这一方面的文献比较少见。早期的研究文献主要是针对某一养殖品种展开，并且较少考虑环境污染的产出。

国外关于水产养殖产业发展的效率研究大多涉及效率计算以及影响因素方面。Guttormsen（2002）以挪威的鲑鱼养殖为例，作者通过投入要素的可替代程度对生产效率进行分析，估算的生产效率值为最佳水平，并指出鲑鱼产业已经发展为精良产业[53]。Tveteras 和 Battese（2006）分析了鲑鱼养殖问题，认为外部集聚效应有助于提高养殖生产效率并推动技术进步。其作用机制为集聚作用下诸如知识外溢等，能够降低养殖过程中的决策风险等问题[54]。Asche 等（2009）证明了生态养殖有助于提高生产效率，从而提升养殖产品在市场上的竞争力，并且水产养殖生产效率的提高在不同的地区间存在差异，这种差异也影响各地区的养殖发展[55]。Nilsen（2010）的研究则从技术跨越的角度说明技术进步对生产效率的提升作用[56]。基于加纳 150 个池塘养殖场的截面数据分析，Edward 等（2010）认为养殖者的年龄层次、养殖经验差异以及养殖者与其他渔业相关机构的关系都是影响养殖技术效率的主要因素，应该从这几个方面着手改进以促进养殖技术效率的提高[57]。Seini 等（2002）的研究中提到政府的各方面支持有助于促进池塘养殖生产效率的提高，并且达到环境保护的目的[58]。Tamini 等（2011）从池塘养殖户的视角考率养殖的投入产出，估算了环境因素对池塘养殖技术效率的影响[59]。

得益于生产效率估算方法的改进，有部分研究考虑了水产养殖的环境污染问题，将环境污染作为非期望产出纳入技术效率或者全要素生产率的分析。Martinez Corderos 等（2004）以墨西哥虾场为例，以养殖生产中排放的含氮和含磷的养殖废水量表示非期望产出，估算并讨论了考虑环境污染问题的环境效率和全要素生产率，指出考虑环境约束的效率值小于传统的效率值[60]。O'Donell（2013）估算了澳大利亚北部湾渔场的全要素生产率，认为环境因素是影响全要素生产率变化的主要因素[61]。Fissel（2015）基于环境约束分析了阿拉斯加拖网船队全要素生产率问题，得出技术进步对渔业全要素生产率提高的贡献率较大[62]。

（3）国内关于水产养殖效率的研究。

国内学者对广泛意义上的各种不同行业的养殖生产效率已有一定的研究，然而对于水产养殖效率问题的研究比较少，但是更大范围内的渔业生产效率的研究为我们提供了借鉴和参考。国内对于水产养殖效率问题的研究主要是估算效率值以及分析影响因素这两个方面内容。

山世英（2007）分析了国家在教育、科研方面的投入支持对水产养殖生产效率有促进作用，同时还有助于提高水产品质量[63]。卢江勇（2005）以海南省为例，讨论了要素投入对渔业生产效率的影响作用，结果表明，前者能促进后者的提高，但是这种作用是短期的，长期来看，由于要素投入存在边际收益递减的问题，这种依靠要素投入的做法是不可持续的[64]。

高强等（2012）实证研究了我国淡水养殖产业的生产效率问题，研究表明我国淡水养殖生产效率总体低下，但是不同的年份生产效率差异的原因也不同，既包括投入要素不合理问题，也有产出结构不合理的问题，作者用投影方法进一步对此进行分析并提出了发展建议[65]。王端岚（2013）估算了1999—2009年中国水产养殖的生产效率，发现中国水产养殖全要素生产率呈现出下降的特点。作者特别关注了技术性投入比如科研研发人员、技术推广经费等对全要素生产率的影响，指出两者存在正相关关系[66]。

张成等（2014）采用2006—2012年我国29个省份水产养殖业相关投入产出数据，估测了我国水产养殖业综合技术效率和全要素生产率，并将其分解为技术进步、技术效率、纯技术效率、规模效率分析，通过区分主要省份的效率差别，作者指出全要素生产率提高主要归因于技术进步和技术效率的共同改进，全要素生产率下降主要是由技术退步引起[67]。徐敬俊等（2018）测算并比较分析了广东省海水养殖的全要素生产率，结果表明：2006—2016年广东省海水养殖的全要素生产率随技术进步率的变化而变化，属于技术诱导型增长；技术进步率相比其他沿海地区较低，超过全国平均水平；全要素增长率呈上升趋势，发展前景较为乐观[68]。

除了全国或全省的综合估算以外，有些学者对某一养殖品种的养殖效率进行了研究。张宗利（2016）等基于DEA模型对江苏省鲤科鱼类养殖技术效率和适度规模进行了研究，认为造成常州市养殖无效率的原因主要是纯技术无效，并分析指出投入要素过剩是导致纯技术效率低的主要原因[69]。汤智慧等（2015）基于海南省罗非鱼养殖户的调研数据，分析了罗非鱼养殖规模与生产技术效率的关系，结果表明二者存在U形效应趋势；小规模养殖农户中已养年限、参加合作社、参加培训频率对养殖技术效率呈现显著的正效应，风险认知具有显著的负效应。而在大规模养殖农户中，资金限制对养殖技术效率有显著的负效应，受教育程度、市场信息获取能力以及风险认知等因素具有显著的正效应[70]。

为了研究海水养殖业的环境技术效率和环境全要素生产率，首先要估算获取海水养殖的环境污染量，由于无法轻易获取全面、完整的海水养殖环境污染量数据，导致学界对海水养殖业的环境技术效率和环境全要素生产率的研究比较少见。邢丽荣（2014）以池塘养殖为例，从养殖户的视角研究罗非鱼池塘养殖的生产效率，作者以养殖过程中氮和磷的排放量来表示非期望产出，并假设氮肥、磷肥的市场价格不高于池塘养殖的氮磷污染处理成本，从而将污染排放量转换成养殖污染引起的经济损失总值并进行计算[71]。陆建珍等（2014）以青虾池塘养殖为例，将养殖过程中对环境的影响纳入效率研究中，估算了青虾池塘养殖的环境效率和经济效率以及各投入要素的使用情况，模型结果显示我国青虾池塘养殖的环境效率低于传统的经济效率且波动性更强，分析发现所有的要素投入都存在过量现象[72]。

王萍萍（2015）、纪建悦等（2017）以《中国渔业统计年鉴》中的“受污染造成的经济损失”为非期望产出（环境污染）的来源，分析了我国海水养殖业的全要素生产率，将海水养殖业的环境污染以经济损失作为替代，这是一种新的思路[73,74]。纪建悦等（2017）运用 Global Malmquist-Luenberger 指数方法，将海水养殖过程中的非期望产出纳入评价体系，在环境约束下对我国海水养殖业的全要素生产率进行综合评价，并认为海水养殖业的进一步发展需要在继续提高技术的同时注重效率的改进[74]。孙康等（2017）考虑到污染指标的不易测度问题，以海洋天然渔业水域污染所造成的负效应作为非期望产出，对 2004—2015 年中国沿海 11 个省、市、区的海洋渔业经济效率进行评价，并分析各省、市、区海洋渔业经济效率时空演化格局及其影响因素[75]。秦宏等（2018）则以海水养殖产品的氮、磷污染产出量作为海水养殖的非期望产出，运用 SBM 模型对 2008—2016 年中国海水养殖生态经济效率进行测度，并指出资源的过度消耗和过量的养殖污染是影响生态效率的主要原因，其中资源消耗指标中渔船投入、面积投入和培训投入以及养殖污染指标中的氮污染产出过量的影响程度较高。因此，提高资源利用效率，降低养殖环境污染是海水养殖改善的主要方向[76]。

以上列出的有关环境技术效率或环境全要素生产率的估算以及进一步分析，由于其对养殖污染的估算方法不同而有所差异，虽然对污染估计的问题没有统一的方法，但是既有文献的结果表明了在水产养殖的效率计算中，如果不考虑环境因素的影响，则得出的技术效率或者全要素生产率的计算结果是不够准确的。

1.2.3 研究评述

海水养殖业生态化发展问题正受到越来越多的关注，但从既有的文献来看，涉及的内容多侧重于海水生态养殖的技术应用，而紧扣海水生态养殖的经济学角度的相关研究较少。可见，对于我国海水养殖生态化发展的研究尚处于初级阶段，研究数量和研究质量都有待进一步提高。

当前关于海水生态养殖的研究范围比较集中，在文献中看到的主要是对海水生态养殖的发展战略、发展路径建设等方面比较宏观的论述，但是对于海水生态养殖发展中的演化机制、绩效评价、组织建设、养殖户行为等问题还少有文献进行系统性的研究，有关这些问题的研究还要进一步深化。

在既有的海水生态养殖的文献中，主要采用的是规范分析，但是涉及模型、数据等方面的实证研究比较少见，因此在未来的研究中，要结合生态学与经济学方法开展海水生态养殖的实证研究。

海水生态养殖与环境因素紧密相关，关于海水养殖的效率问题虽然国内外文献很丰富，这些文献从国家、地方到某一养殖品种等各种层面对水产养殖的效率问题进行了估算，并且还分析了影响效率提高的因素，然而对环境污染对海水养殖生产率进行分析的文献比较少，在少数的几篇海水养殖技术效率和全要素生产率的核算文献中，有关于海水养殖环境污染量的核算方法也不尽相同，并没有一个统一的标准，这也是环境污染核算问题本身的困难所在。这些问题的解决，有助于更加科学、准确地核算海水养殖业生产率问题，也可以更好地佐证海水养殖生态化发展的必要性，并开展进一步的分析。

1.3 研究目标与研究内容

1.3.1 研究目标

本研究在我国积极推进渔业转型升级、转变渔业经济发展方式和加快现代渔业建设的背景下，以我国海水养殖业发展为研究对象，围绕“环境约束下海水养殖生态化发展”这一命题展开，以生态经济学及相关理论为指导，综合运用了农业经济学、生态经济学、环境经济学、演化经济学以及发展经济学、区域经济学等方面的知识，将环境因素引入传统的生产率分析框架，估算我国海水养殖业生产率，引出我国发展海水生态养殖的必要性，并以所估算的结果为基础，实证分析我国海水养殖实现生态化发展的主要影响因素。同时，讨论在海水生态养殖模式转变过程中各参与主体的行为和互动机制，了解核心主体参与生态养殖的意愿，推导生态养殖模式转变的演化路径，为制定有利于我国沿海海水养殖生态化发展的公共政策提供科学依据，从而推进海水养殖产业和海洋环境保护的协调发展。在这个总目标的基础上，本研究针对我国海水养殖业生产率问题和生态化养殖现状，拟定研究的具体目标如下。

①全面、系统地论述发展高效海水生态养殖的科学含义、发展目标、主要特征、发展模式以及重要作用，同时有选择地比较、分析我国主要沿海省市以及国际上主要海洋渔业发达国家在现代海水生态养殖业发展中的实践经验，初步构建海水养殖生态化发展的基本理论与实践分析框架。

②分别从静态角度和动态角度，测算考虑环境因素的我国海水养殖业技术效率和全要素生产率，阐释海水养殖业全要素生产率的增长动力，比较分析沿海各省市海水养殖业技术效率和全要素生产率的时空分异趋势，衡量环境约束下我国海水养殖业发展的真实绩效水平及其影响因素。

③采用当面访谈和调查问卷相结合的方式，分析环境约束视角下海水养殖户对生态养殖模式的采纳意愿，并对其中差异以及影响因素进行实证研究，以获得提升养殖户采纳生态养殖模式的有效策略。

④构建演化博弈模型，对海水养殖户、水产企业和政府这三个群体在市场机制和政府补贴机制作用下的互动行为进行分析，推导和阐述海水养殖生态化发展的演化路径，即从海水生态养殖参与主体的微观视角构建海水养殖生态化发展的转型机制。

⑤提出海水养殖业生态化转型的推进策略，初步建立生态化海水养殖产业发展中政府扶持政策体系，以及组织制度创新安排。

1.3.2 研究内容

本研究将海水养殖的非期望产出引入到我国海水养殖业生产率的测算体系中，以此为切入点，论证海水养殖业生态化转型的必要性与必然性，并从海水养殖参与主体的微观视角探寻海水养殖业生态化发展的逻辑机理与实施路径。

本研究主要内容包括以下九个部分。

第一部分：导论。利用文献资料分析法、归纳分析法等介绍课题研究背景、研究意义、国内外研究进展、研究目标与研究内容、研究方法与研究思路、研究特色与创新。

第二部分：海水养殖生态化发展研究的理论基础。本部分梳理并分析了海水养殖生态化发展研究的理论基础，主要包括生态经济学、循环经济学、演化经济学和演化博弈理论等；并将这些理论与海水生态养殖研究主题建立联系，为后面的研究提供全面的、深刻的、详细的理论指导及支撑。

第三部分：海水养殖生态化发展的基本理论与发展实践。本章主要对海水生态养殖的基本理论和实践发展进行梳理。首先对生态化、养殖生态化、生态养殖、海水生态养殖以及海水养殖户等相关概念进行界定，对海水生态化养殖的科学含义、发展目标、主要特征、主要模式以及重要作用等方面进行分析和归纳。其次，分别列举我国沿海省市海水生态养殖的典型案例，并比较分析了国际上主要国家海水生态养殖发展的经验，勾勒出海水生态养殖的理论和实践发展的基本框架。

第四部分：环境约束下海水养殖生态化发展的评价分析。为详细了解海水养殖污染对产业可持续发展的影响，本部分引入了海水养殖业生产率分析。首先本部分基于非期望产出构建模型测算海水养殖业技术效率，并对结果进行分析。其次，测算考虑环境因素的我国海水养殖业全要素生产率，并从技术效率和技术进步两方面分别分析海水养殖业全要素生产率的增长动力。海水养殖业环境技术效率和环境全要素生产率这二者构成了环境约束下海水养殖业绿色生产率体系，勾画出我国沿海主要省市海水养殖业发展的真实绩效与时空分异情况，提出发展生态化养殖的必然性问题，同时也构建了海水养殖生态化发展的评价指标体系。

第五部分：海水养殖业环境全要素生产率影响因素的实证分析。基于海水养殖业生产率的测算结果，结合海水生态养殖的发展事实，本部分首先从渔民收入水平、产业结构、财政支持力度、养殖技术服务和环境治理政策等方面分别提出研究假设，然后选取相应指标数据并构建模型，实证分析海水养殖业环境全要素生产率与主要影响因素之间的关系。

第六部分：海水养殖户发展生态养殖的意愿及影响因素分析。生态养殖模式不仅可以减少养殖污染，促进海洋环境优化，而且可以提高养殖产品质量。海水养殖户是生态养殖的主要实践者，在采纳生态养殖模式过程中，面临着成本、技术、劳动力等各方面制约，这些压力会对养殖户是否采用生态养殖模式的意愿产生影响。本部分通过访谈和问卷调查，以福建宁德大黄鱼养殖产业生态养殖发展为例进行分析。首先介绍了案例的背景和产业发展情况；其次是通过构建 logistic 模型对海水养殖户发展生态养殖的意愿及影响因素进行实证分析；最后，在模型基础上提出一般化的建议，以优化生态养殖发展环境，提升海水养殖户参与和采纳生态养殖模式的意愿。

第七部分：环境约束下海水养殖生态化发展的演化机制分析。为了构建海水养殖生态化发展的转型机制，本章从海水生态养殖参与主体的微观视角出发，讨论这些参与主体如何对海水生态养殖的转型发展做出反应，从而反过来对海水养殖生态化转型发展产生影响。本部分首先分析了环境约束下海水养殖参与主体的行为倾向，基于演化博弈理论建立海水养殖生态化发展的演化博弈分析结构。其次，分别构建海水养殖户—海水养殖户，海水养殖户—水产企业，以及海水养殖户—政府这三对群体的演化博弈模型，探讨各个模型中的演化均衡策略以及生态养殖模式的演化路径，并分析演化路径的影响因素。最后，基于模型的假设条件，结合现实海水养殖产业的发展特点，对演化博弈的结果进行了数值仿真分析，模拟了各影响因素在不同的参数条件下的作用结果，进一步验证了理论分析结果。

第八部分：我国海水养殖生态化发展的推进策略。基于前文中有关海水养殖生态化发展评价分析、影响因素以及演化机制的研究结果，本部分首先从宏观上提出海水生态养殖发展中的政府扶持体系构建问题，分别从基础设施、技术创新、财政税收以及政策创新方面进行了分析。其次是就海水生态养殖发展中的中微观组织制度创新进行了分析，从培养核心养殖户、加强龙头企业建设以及强化渔业专业合作组织三个方面构建了海水生态养殖中的组织合作体系。

第九部分：研究结论与研究展望。主要对全书进行结论总结并对未来研究进行展望。

1.4 研究方法与研究思路

1.4.1 研究方法

根据研究的内容，本书所采用的研究方法和工具包括以下五种。

（1）考虑非期望产出的 SBM 模型。

基于非期望产出的 SBM 模型把生产中的非期望产出纳入传统的生产率计算，同时又兼顾了投入产出的松弛性问题，并且“SBM 模型具有无量纲性和非角度的特点，能够避免量纲不同和角度选择的差异带来的偏差和影响[52]”。本研究采用基于非期望产出的SBM模型测算我国考虑环境因素的海水养殖业技术效率，更体现养殖生产中效率评价的本质，结果也更准确。

(2) 考虑非期望产出的Malmquist-Luenberger生产率指数方法。

Malmquist-Luenberger（ML）生产率指数既考虑了期望产出生产前沿面的扩展，同时也注意到非期望产出生产前沿面的缩进，实现了全要素生产率评价领域环境非期望产出的引入。一方面出于与技术效率计算方法保持一致的想法，本研究同样在传统ML指数的基础上引入了采用非径向、非角度的SBM方向性距离函数进行计算；另一方面考虑到模型中的决策单元数量较少，本研究引入了窗口参比的ML指数计算方法，与前者相结合核算我国海水养殖业的环境全要素生产率，并将其分解为技术进步和技术效率改进两部分。

(3) 面板固定效应模型。

采用面板数据构建模型，能够解决遗漏变量的问题，提供更多个体动态行为的信息，并且提高估计的准确度，不论是固定效应模型还是随机效应模型都考虑了模型中的个体效应，前者认为随机扰动项与某个解释变量相关，而后者则假定随机扰动项与所有解释变量均不相关。本研究以海水养殖业环境全要素生产率为被解释变量，结合影响海水养殖业生态化发展的主要因素选取一系列变量，构建面板数据模型，实证分析这些主要因素对海水养殖业生态化发展的影响。

(4) 问卷调查法及logistic模型。

为了更好地了解海水养殖户对生态养殖的认知，并对养殖户是否采用生态养殖模式的意愿进行研究，本研究选取了典型性案例进行分析，通过深入海水养殖业发达的沿海区域，选取

“大黄鱼之乡”宁德市大黄鱼养殖区域进行实地调研，对养殖户采纳生态化养殖模式意愿进行当面访谈和问卷调查。在此基础上，建立 logistic 回归模型实证分析养殖户采纳生态养殖模式的意愿及其影响因素。

(5) 演化博弈理论方法。

演化博弈理论较好地克服了经典博弈论关于博弈方完全理性的假设，通过策略互动的演化分析可以更好地解释个体到群体行为的形成机制以及群体行为变化趋势和稳定性[77]。本书利用基于有限理性假设的演化博弈方法对海水生态养殖模式的演化机制展开研究，分别对海水养殖户之间，海水养殖户—水产企业以及海水养殖户—政府之间建立生态养殖模式采纳决策的博弈模型，然后对策略选择的稳定性进行分析，得出演化系统达到稳定状态需满足的条件，探讨各个模型中的演化均衡策略以及生态养殖模式的演化路径。

(6) 数值仿真分析方法。

在对海水生态养殖模式转化的演化机制理论分析基础上，进一步提出假设，并结合海水养殖的发展特点，采用 Matlab 软件对该演化过程进行数值仿真，通过仿真分析进一步验证演化结果并讨论各参数变化对海水养殖生态化演化和转型的影响。

1.4.2 研究思路与技术路线

本书综合应用农业（渔业）经济学、生态经济学、循环经济学、演化经济学等相关理论，结合前期文献检索、数据搜集以及实地调研的结果，对我国海水养殖生态化发展问题进行深入分析。本书按照“明晰现状→测度效率→实证因素→调查意愿→演化机制→推进策略”的基本脉络展开。具体的研究技术路线如图 1-1 所示。

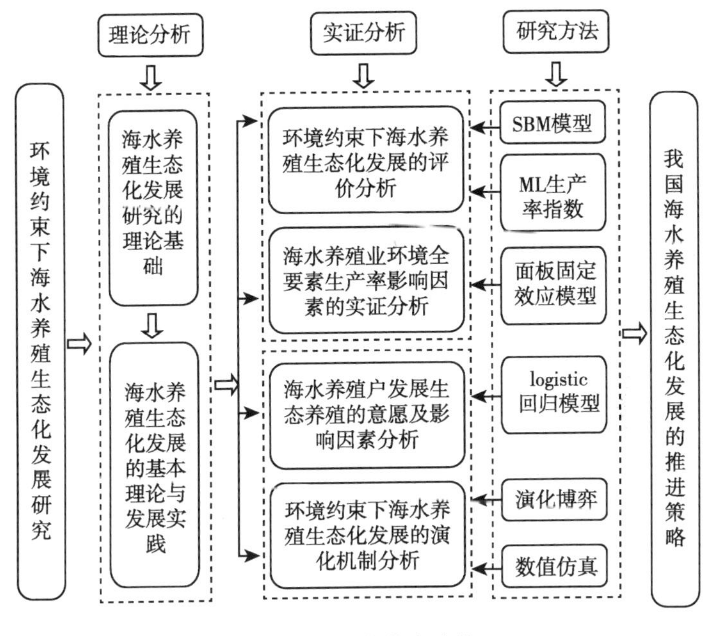

图 1-1 研究技术路线

1.5 研究特色与创新

本书的研究特色是将海洋环境保护与海水养殖的生态化发展问题联系起来，引入非期望产出，测算并衡量海水养殖的环境效率，在综合分析海水养殖产业发展现状以及实现生态化发展的主要影响因素及演化机制的基础上，提出推进海水养殖生态化发展的策略，以促进海水养殖产业和海洋环境保护协调发展，具有很强的现实意义和政策价值。本书可能的创新点主要是：

（1）基于非期望产出的 SBM 模型测算海水养殖业生产率。

传统的生产率评价方式主要是关注资本、劳动和土地等要素投入，较少考虑到与海水养殖业发展密切相关的环境污染问题，无法反映出我国海水养殖业的真实增长绩效。本书考虑环境约束的海水养殖业生产率评价问题，将海水养殖业的环境污染置于传统的海水养殖业生产率分析框架中，测度我国的海水养殖业生产率水平。本研究关注海水养殖业发展的环境绩效，更加客观地评估我国海水养殖业的发展质量，并以此佐证我国发展海水生态养殖的必要性。估算所得的我国海水养殖业生产率也可以作为我国海水养殖生态化发展的指标，进一步分析海水养殖生态化发展的影响因素。本书在这方面具有一定的特色和新意。

(2) 基于案例实证分析海水养殖户采纳生态养殖模式的意愿及其影响因素。

选择典型性案例，以当面访谈和问卷调查相结合的方式，对福建省宁德市大黄鱼养殖产业的发展背景、现状进行调查，并应用 logistic 回归模型对影响养殖户采纳参与生态养殖模式转变的因素及其决策机制等进行了实证研究。鉴于研究对象特征和研究目的需要，调查问卷以生态认知等相关问题来反映海水养殖的环境因素，重点分析环境约束条件下对养殖户生态化养殖决策的影响作用，研究结果更具有针对性。

(3) 基于不同群体的利益诉求构建海水生态养殖模式转变的演化博弈模型。

现有的关于海水生态养殖的研究主要着眼于海水生态养殖技术、实践模式等方面，忽视了海水养殖产业各参与主体行为选择对养殖模式转变的影响作用。而关于海水生态养殖模式转变机制研究，又主要应用经典博弈理论分析养殖户与企业或者养殖户与政府等相关主体关于水产品质量安全行为的策略。经典博弈理论假设参与主体完全理性，而现实中个体海水养殖户、水产企业、政府等相关主体很难具备完全理性的假设条件。鉴于以上两点，本书尝试构建不同机制下（市场机制和政府监管机制）海水生态养殖模式转变的演化博弈模型，力求能够突破以往对海水生态养殖模式转变的静态局限。重点从有限理性主体策略选择行为的视角分析我国海水生态养殖模式转变问题，具有一定的创新或特色。

2 海水养殖生态化发展研究的理论基础

生态养殖作为养殖产业持续发展的一种战略思想，强调了养殖产业高产量发展的基础是对生态环境的保护与建设，既要把握生态系统的总体承载力，也要不断挖掘生态系统的潜在可能性，实现海水养殖生态和经济的优化循环发展。目前国内外虽然出现了一些生态养殖的实践，但是海水生态养殖的普及总体上还不是非常普遍，通过梳理海水养殖生态化发展的文献，也发现有关研究还比较有限。本书研究海水养殖的生态化发展问题，首先要梳理海水养殖发展研究涉及的相关理论，这有助于正确认识和分析海水养殖生态化发展的经济学原理，为后文的分析提供合理、有效的理论支持。

2.1 生态经济学理论

2.1.1 生态经济内涵与特征

国内外学者长期以来致力于探索和寻找解决资源利用、环境保护和经济增长之间矛盾的方案。美国生态学家 Kenneth Boulding 在 20 世纪 60 年代末最早提出并使用了“生态经济学”这一说法。随着生产实践发展以及生态经济理论的研究不断深入，生态经济学对生态系统和经济系统之间的物质结构循环、能量交换以及价值流动等问题进行了解释，为指导生态经济的有效发展发挥了重要作用，到 20 世纪 80 年代末，生态经济学已经作为一门学科被提出来。生态经济学结合生态学、经济学、系统论和控制论等理论知识，将经济理论生态化发展，寻求经济、社会与生态三者协调发展的本质规律，为环境保护、资源节约和经济发展提供有效的理论依据。

生态经济学认为社会经济系统是构成自然生态大系统的子系统，强调生态系统和经济系统相结合，基于这个观点，社会经济活动要遵循自然生态系统的发展规律，要充分利用生态学原理发展生产，提高资源利用效率；同时社会经济活动也必须限于自然生态系统的承载力范围内，社会经济活动要与自然生态系统保持协调，以促进整体系统的稳定、持续发展[77,78]。生态经济被认为是“实现经济系统和生态系统协调发展最理想的模式”[79]，突破了单纯考虑经济规律的发展思路，转而从自然生态大系统的视角来看待各种不同的生态经济问题，并且应用生态经济学的原理为生态经济发展提供理论依据和实践方法[80]。

经济系统是生态系统的一个子系统，经济系统不仅从属于生态系统，而且其系统特征和演变规律等与生态系统保持内在一致性[77]。这为生态经济研究打开了一个全新的视角，也在某种意义上明确了生态经济学研究的方法论方向——用生态学的方法研究经济问题。该方法论首先肯定了生态资源的价值，在经济发展中要体现生态环境与经济社会的协调发展。目前在生态经济学、资源经济学以及环境经济学中的诸如生态补偿、环境核算等概念都是按照这一思路开展研究的。基于生态学价值观念衍生的“生态农业”“绿色产业”“循环经济”等都体现了生态环境可持续发展的思想，是可持续发展的经济模式。

生态经济学研究的具体内容非常广泛，主要包括基于生态经济理论构建模型评估人类活动对生态环境产生的影响，研究相关主体行为对经济与生态协调发展的影响，通过界定利益相关者的利益，探求多赢的生态解决方案等[81,82]。

2.1.2 生态经济的评价方法

生态经济评价是以生态经济的基本原则为基础，遵循生态经济学理论，结合区域的基本特征，定量评价生态经济发展过程和动态变化规律，反映生态经济所处状态和发展水平，进而探寻实现生态经济结构调整的可行途径，为实现生态经济可持续发展提供依据。

通过生态经济评价，可以有效地把握生态经济发展过程以及动态变化规律，并且对生态经济发展的实际水平进行定量的估计，为制定促进经济发展的相关政策提供参考和依据。生态经济评价的基本原则是要结合生态经济学的基础理论以及不同区域经济发展的基本特征，而且“生态经济评价应反映生态经济的整体性、层次性和协同性特征，突出生态系统和经济系统的可持续性，以实现生态经济状态稳定、关系协调、效率高效的目标[83]”。

对生态经济状态进行评价，要结合生态经济的发展特点，同时兼顾不同区域的发展差异性。比较常见的是运用综合指数法、系统动力学等方法构建生态经济评价指标体系，综合研究区域各项指标特征了解生态经济发展状况。另一种方法是借助地理学分析工具，比如遥感技术、地理信息系统技术等，更形象和直观地反映相关信息。

生态经济关系评价的内容是了解经济增长与生态环境之间的关系。脱钩理论是研究经济增长与生态环境关系的重要方法，该理论主要讨论的是工业发展与物质消耗之间的关系。20世纪末逐渐扩展应用到农业发展以及环境经济问题的研究中。该理论基于驱动力—压力—状态—影响—反应框架设计脱钩指标，主要关注驱动力—压力之间的关系，即经济发展要求与生态环境约束在一定时期内的变化情况。生态承载力是衡量某一地区资源与生态环境对经济活动的承载能力，也是生态经济关系评价的重要方法，应用生态承载力可以比较、判断经济发展是否在生态系统的极限容量内。

生态经济效率评价是生态经济评价的另一个重要内容。1990 年，德国学者 Schaltegger 和 Sturm 最早提出了生态经济效率（Eco-efficiency）概念，1992 年世界工商企业可持续发展理事会（WBCSD）在巴西里约热内卢全球峰会的《变革中的历程》报告中正式提出了生态效率这一概念。生态效率是坚持以生态为前提的效率，提高生态效率就是在生产过程中减少环境污染和资源消耗并提供优质的产出，满足生产生活的各项需求。世界可持续发展商业委员会建立了生态效率指标来具体衡量生产产出在生态方面的绩效，表示为产品与服务的价值与环境负荷的比值，该指标被应用于衡量产业生态化发展程度。

关于生态经济效率的实际评价，国内外研究中发展了定量分析模型进行解释。例如，考虑资源环境约束的内生经济增长模型，将资源因素纳入生产函数，并考虑环境外在性的影响，以动态优化为分析工具，讨论资源利用、消费以及环境之间的相互关系以及模型的稳态增长情况。在应用前沿生产函数进行生态效率的评价时，生态环境因素也被作为一种投入或产出要素引入模型。而常见的数据包络分析（DEA）工具，在确定的生产效率标准基础上，估计生产的前沿面，评价具有多个输入、输出决策单元间的相对有效性，从而比较和评价生态经济效率。

2.1.3 生态经济理论、产业生态化与海水养殖生态化

随着产业经济发展中生态因素产生的影响越来越大，生态

经济学的研究方法在产业经济研究中的应用也越来越广泛，产业生态化理论把生态经济学和产业经济学结合起来，对产业生态化发展进行研究。产业生态化理论是基于广义生态经济学的产业发展理论[84]，产业生态化要求产业发展过程要合理利用生态资源，尽量减少生产污染，降低生产对环境的破坏，有效配置系统各项资源，提高资源循环利用率和产业生态效率，促进产业、社会和环境的协调发展。从系统化的视角来看，产业生态化是生态经济发展系统的一个子系统，通过应用生态、经济的发展规律和系统论、控制论的实践方法指导产业的健康发展，在最大化社会效益、经济效益和环境效益的同时实现产业子系统内资源的合理配置。因此产业生态化发展是提高生态效益和经济效益的重要路径，也是未来产业发展的题中之义。

基于生态经济学和产业生态化的思想，海水养殖产业生态化发展要注重生态资源自身的价值，要充分认识和肯定生态服务功能；同时，海水养殖生产活动要遵循生态化的规律，提倡资源的节约和污染排放物循环再利用，在实现经济发展的同时保持生态的平衡。随着海水养殖系统不断地从自然和人工环境中吸收物质和能量，系统结构逐渐变得复杂，当海水养殖系统发展到顶级阶段的时候，可以借助外在系统的作用，由单一品种的养殖发展到多品种混合养殖，或者改变群体生长的合理密度、进行轮养等，使得养殖系统不仅仅局限于简单的改变，反而是通过形成合理的大型生态系统使其具有更强的自我维持功能。进一步地，包括将渔业养殖扩展到鱼—畜—禽的混合养殖，或者鱼—工—商的综合经营等做法，都是海水养殖渔业系统不断突破原有系统的限制，变得更高级、更多样、更协调有序的做法[16]。

2.2 循环经济理论

2.2.1 循环经济的内涵

循环经济也称为物质闭环流动型经济，循环经济理论强调在经济发展中以生态学规律为指导，模拟自然生态系统循环运行的方式，通过降低资源投入、减少废物排放以及提高资源利用率，以实现“资源—产品—废弃物—再生资源”的有效循环，其本质上是一种生态经济发展模式[85]。一般而言，传统的线性经济模式遵循的是“资源—产品—废弃物”的发展路径，为了获取产品和服务，最终会导致大量的废弃物排放到自然环境中。生产的末端治理模式对传统经济模式进行了修正，发展为“资源—产品—废弃物—污染治理”的模式，这种模式虽然考虑到了废弃物和污染排放问题，注重对污染进行治理，比上一种发展模式有所改进，但是其实质是“先污染，后治理”的路径，仍然是一种线性发展模式。相比而言，循环经济发展模式通过“资源—产品—废弃物—再生资源”的有效循环，一方面在源头上就对污染问题进行治理，另一方面则通过废弃物再利用实现了资源环境要素的经济化处理[86]。

可见，循环经济是遵循生态经济的原理而形成的一种全新的经济发展模式，形成了新的经济观、系统观、生产观以及价值观，主张通过技术改进、制度设计和流程安排，对生产和消费的过程进行调整，以减少资源的消耗、污染的排放，提高资源的再利用和再循环使用，实现经济、生态和社会的可持续发展。

2.2.2 循环经济原则

循环经济的核心原则是 3R 原则，即减量化（Reduce）、再利用（Resue）、再循环（Recycle）。减量化原则是在生产的投入阶段实现使用资源的减量。在生产的开始阶段减少物质和能量的投入，也就减少了废弃物的产生。再利用原则强调了在生产过程中要重复使用，变废为宝，提高产品和服务的利用效率，减少一次性使用造成的浪费和污染。再循环原则是指在输出阶段注重对废弃物循环利用，实现污染排放最小化。王国印（2012）指出，“循环经济模式是一种以废物资源化为核心的自循环经济，通过模仿自然生态系统中的物质循环和能量梯级利用规律重构经济系统，实现以最少的资源和最低的环境代价，支持人类社会的可持续发展目的[87]”。循环经济的具体发展过程包括生产、消费等各环节的资源减量化、再利用以及再循环，是一个动态的过程，要完成这个闭路循环过程，需要各方面力量协调参与，除了市场自发调节，亦要高度依赖政策法规和政府的监管。

2.2.3 循环经济理论与海水养殖生态化

循环经济与海水养殖生态化发展都是以生态学法则为指导，实现经济活动与生态系统之间的协调发展，二者在本质上是一致的。产业生态化过程实际上是节约资源、提高物质综合利用、保护生态环境的过程，与循环经济的减量化、再利用以及再循环三原则可谓殊途同归。实施海水生态养殖的关键就是要改变传统养殖做法，根据生物特性适当延长食物链，增加多营养层次，一则变废为宝，增加多种副产品；二则减少污染，提高生态效益，这与循环经济中重视废弃物进入闭路良性循环的核心观点是一致的，因此，依托循环经济理念，构建合理完善的海水养殖循环产业链是促进海水养殖生态化发展的关键。

2.3 演化经济与演化博弈理论

2.3.1 演化经济学内涵

凡勃伦受到达尔文的进化论思想的影响，于1898年最早提出了演化经济学这一说法[88]。演化经济学是生态经济学方法论的具体应用，其本质特点是借鉴生物进化的思想，以动态的、演化的视角观察经济现象，探究经济行为的演变规律。应用演化经济学的研究范式，其关键就是用生物学的概念和方法类比研究经济现象，这种途径也称为“经济仿生学”途径，比如自然选择机制或者模仿适应行为可以对应经济发展中的类似活动，可以解释企业之间的竞争与合作，协同发展等问题[89]。

阿尔钦（1950）是演化经济学理论的重要贡献者，他用自然选择替换了传统博弈论中利润最大化的概念，以动态选择机制来比拟适度的竞争，行为主体不是完全理性的，但是能够在社会的演化压力下尽可能地选择让自己生存下去的最合适行为，以达到演化均衡[90]。1982年，纳尔逊和温特发表《经济变迁的演化理论》，这意味着演化经济学正式形成，随着相关研究的不断丰富，演化经济学在各领域的应用逐渐深化和广化。

演化经济学的学科特点主要包括以下几个方面：一是主张用动态的、演化的方法看待经济发展过程，认为经济发展不是静态的，一成不变的；二是认为创新是社会经济演化的源动力，重视创新的学习以及传播；三是遵循达尔文主义的基本原则，同时又反映社会经济演化的主要性质，将生物学中的“变异、选择和遗传”对应于演化经济学中的“创新、选择和扩散”，建立以这三者为特征的经济演化分析框架；四是强调了经济演化发展中时间和历史等因素的重要作用。

选择机制和创新机制以及二者的互动是演化经济学的重要分析结构之一。通过创新机制的作用，可以产生多样性，也为经济系统演化发展提供了新动力；选择机制则相反，作为一种筛选机制，其基本目标是按照一定的标准选出那些适应性高的演化主体，而对那些适应性相对差的主体进行剔除。有效的选择机制可以实现演化系统有序而高效地优化发展，保证演化结果不断向高级化推进，实现经济社会的进步。在不同的演化系统中，形成了不同的演化选择机制。比如以获利水平为基本标准，形成了市场选择机制，旨在协调各个企业在市场竞争中的各种准则[91]。而社会文化选择机制常常是以社会中特定的道德价值为标准，涉及人们在社交活动中的习惯、风俗以及道德规范等社会文化制度[92]。有关政治选择机制主要应用于政党竞争系统中，是基于政治利益而形成各种正式或非正式的规章制度。可见，选择机制的作用发生在从微观个体到国家政党等多个层级中，并且在其中产生互动，促进系统的演化发展。

创新机制对选择机制的影响一方面表现为促进新的选择机制的产生，比如新的市场或者新的技术产生，可能产生新的市场选择机制；另一方面表现为对各种不同选择机制的弱化或强化，由此产生各种选择机制的发展和变革。比如某些创新不被社会文化支持，但却在市场选择下保留下来，这种创新就可能引起个体间社会交往的不确定性，推动各种交往惯例、习俗和规范等演变，从而推动社会文化选择机制的演变[93]，如果某些创新受到市场选择、社会文化选择和政治选择的支持，这会强化三种选择机制的耦合，进而形成较为稳定的选择系统[93]。创新机制和选择机制相互作用，最终实现系统的演化发展。

2.3.2 演化博弈理论

演化博弈理论是生物演化理论和博弈论融合的产物，从生物学角度，其主要思想源于达尔文的自然选择理论，很多学者在有关生态模型和各种生物互动模型的具体分析中，只要把各种演化策略和生物适应度进行联系，就可以转化为演化博弈模型[94]。从博弈论角度来看，相关学者对演化博弈理论的发展也做出了贡献。纳什在讨论均衡概念的文章中，提出了“大规模行动的解释”[95]，这个概念正是从演化博弈的视角解释了均衡问题。区别于理性主义的观点，纳什指出“均衡的实现并不一定要假设参与者对博弈结构拥有全部知识，以及个体拥有复杂的推理能力，只要假设参与者在决策时都能够从具有相对优势的各种纯策略中积累相关的经验信息，经过一段时间的策略调整也能达到均衡状态[93]”。因此，有关研究（Schmidt，2004）认为，演化博弈也属于博弈论的范畴，事实上，很多博弈论学者的研究推动了演化博弈的发展，并指出演化博弈理论是新古典经济学与演化经济学融合的产物，可以调和均衡理论与演化理论之间存在的冲突[96]。

博弈论研究的是相互依赖、相互影响的决策主体之间理性决策行为以及这些决策行为的均衡结果。演化博弈的基本思想认为，系统内各行为主体都有不同的策略选择，在每个策略选择下有不同的群体比例，并且根据既定条件形成每一策略选择下的收益。经过一系列的动态博弈，实现较高收益的策略代替较低收益的策略选择；当然，如果博弈构成有所变化，各行为主体在不同策略下的收益也会有所不同；反复多次的博弈结果，最终会实现各行为主体的相对利益最大化。经过长期的研究发展，传统博弈论对经济学中行为主体的合作与背叛行为以及其他经济问题的研究表现出很强的解释力，但也存在着致命的缺陷，其中关于“完全理性”的假设问题就被学界所诟病。传统经济学中假设行为主体是“完全理性”的，并且在博弈的过程中对环境变化能够随时进行准确判断以及合理预测。但是，不完全理性才是真实经济生活中的常态，各主体的行为不可能一开始就是完全理性的，他们根据现实环境的变化状况，相互之间不断地竞争与合作，也不断地变异与模仿，才演化成最终行为[97]。演化博弈理论纠正了经典博弈中“完全理性”的假设缺陷，认为博弈中的参与方是有限理性的，这更符合现实，也使研究更具说服力。随着演化博弈理论不断发展，诸如“进化稳定策略”“模仿者动态”等概念不断被提出，20 世纪 80 年代后，演化博弈理论已经在不同领域被广泛应用[95,98,99]。演化博弈理论也被很多经济学家认识和采纳，并逐渐成为社会科学研究的重要范式[100]。

演化博弈理论的基本分析结构包括博弈框架、适应度函数、演化过程以及演化稳定均衡等四个方面。博弈框架主要设定了博弈的结构和规则，参与者在博弈框架内发生博弈，往往某些特定的技术和制度条件决定了特定的博弈结构和规则[93]。适应度函数相当于经典博弈中的支付函数。适应度不仅与博弈中获取的支付有关，还受到个体的学习能力以及社会互动模式的影响，可能取决于人们的各种主观道德评价。演化博弈的演化过程主要包含变异机制和选择机制，但是变异机制一般是指原有策略中的随机变动，而不是指个体产生的新策略，其主要目的是检验演化均衡的稳定性[101,102]。而选择机制则是演化博弈模型构建的主要依据，演化博弈理论中经常使用的选择机制动态方程是复制动态方程，基于纯策略增长率与相对支付成正比的假设，该方程被认为更有解释力；因此该选择机制被用于讨论和分析经济学领域的很多问题。在复制动态中加入策略的随机变动，就建立了一个结合选择机制和变异机制的演化博弈模型。演化稳定均衡是指通过演化过程个体形成相对稳定的结果，构成演化稳定策略。

具体而言，如果两个博弈群体相似，则进行对称博弈；如果博弈主体进行的是非对称博弈，大群体成员间随机配对反复博弈的分析框架不再适用[103]，在有差别的主体之间进行非对称博弈，这种配对和博弈反复进行，各参与主体根据博弈条件不断模仿和调整策略。以复制动态方程表示主体策略调整的速度，问题就转换为对动态方程求解来获得演化系统的平衡点，利用这些平衡点依次讨论系统的稳定性，最终锁定各行为主体在博弈过程中的演化稳定策略，在该策略下，博弈系统收敛到稳定而不会轻易变动的状态[103]。

2.3.3 演化理论与海水养殖生态化

海水养殖产业的生态化发展属于演化经济学的研究范畴，重点关注了环境因素在产业演化中的影响作用，以演化经济的分析范式研究海水养殖产业的生态化发展问题，可以更好地解释演化发展中的相对微观层面的问题，比如利益相关主体竞争行为、组织建设、技术扩散网络等[104]。从海水养殖生态化发展的养殖户或养殖企业的异质性假设出发，推动海水养殖产业或部门的动态演化，并分析海水养殖经济发展情况，由此便将海水生态养殖经济发展与产业演化过程中的微观主体的互动行为建立了联系，并将宏观、中观和微观层面的分析结合起来。从方法上看，正是通过海水养殖生态化发展中的各相关主体的演化博弈分析，从而解释了环境约束下海水养殖产业如何实现转型升级以及海水养殖经济如何实现持续性健康发展。

海水养殖实现生态养殖模式转变的根本原因在于环境发生变化，养殖生态环境条件的约束和更加严格的环境规制政策导致海水养殖模式不得不进行转变以适应新环境；海水养殖户通过学习生态知识，接受生态养殖理念并学习生态养殖技术和知识，逐渐实现海水养殖生态化转型发展。从海水生态化养殖发展中的利益相关者角度来看，海水养殖户生态养殖模式的实施主要受到了政府、水产企业、其他养殖户和消费者等外部行为主体的压力影响。理性的养殖户在做出某项决策之前，均会考虑相关主体的行为，综合权衡利弊，以使个人或家庭利益最大化。这符合演化博弈模型的分析条件，以此为主要研究方法分析海水生态养殖模式转变机制是合理和可行的。

在具体的生态模式演化过程中，海水养殖各相关利益主体之间发生博弈作用，通过生态养殖模式转变过程中各相关利益主体的演化博弈，可以搜寻到适应环境变化的创新，也即实现生态化发展的演化路径。可见，当外部环境发生变化时，海水养殖中的利益主体改变传统的养殖模式适应变化，并搜寻和学习新的知识和养殖技术形成新的养殖模式，当这种新的生态养殖模式反作用于环境的时候，海水养殖演化博弈机制便也发生了作用。

2.4 本章小结

发展海水生态养殖，就是要按照海洋生态规律利用海洋环境、开发海洋资源、落实海洋渔业科学发展观，实现养殖活动的生态化，构建经济发展与生态环境可持续发展的生态化系统。本部分内容主要是根据既有文献的研究成果，回顾了与海水养殖生态化发展密切相关的生态经济理论、循环经济理论、演化经济和演化博弈理论，并将这些理论与海水生态养殖研究主题建立联系。本书之后的章节将依据这些理论对海水养殖生态化发展问题进行具体分析。

3 海水养殖生态化发展的基本理论与发展实践

国内外有关海水养殖生态化发展类似的提法有很多，包括绿色养殖、健康养殖、环境友好型养殖、循环养殖等，虽然学术界对海水生态养殖的提法没有统一，但是各种不同提法其本质上都主张关注水产养殖过程中的环境问题，只是在实践方法上有所区别。得益于近年来对海洋环境生态问题的关注以及国家大力发展海洋经济的战略决策，海水生态养殖的理念逐渐被我国民众所接受和采纳，海水养殖生态化发展水平取得了较大的提高。国际上很多国家、地区在过去的几十年里也都积极研究和发展海水生态养殖，并形成了一些成功的经验和领先技术。本部分主要对海水生态养殖的基本理论和实践发展进行梳理。首先界定海水生态养殖的概念，总结海水生态养殖的特征及其发展目标，对海水生态养殖的主要类型和模式进行阐述，提出发展海水生态养殖的重要作用和现实意义。其次，对中国以及国际上典型国家的海水生态养殖的发展事实进行梳理和比较分析，以期能为我国未来海水生态养殖的更高效优质发展提供借鉴。

3.1 海水养殖生态化发展的基本理论

3.1.1 相关概念

（1）生态化与产业生态化。

戴锦（2004）对生态化以及生态学范式的论述为：“一般

地，'XX化'是指某种方式动态发展，超出原来的界限向更高层次、更广领域迈进，而形成的发展趋势或发展模式。生态化是生态学范式的泛化，也就是生态学方法及其价值观念向社会生活各个层面的扩展[77]”。可见，生态化的本质是在坚持可持续发展的目标下，运用生态学原理，协调生产过程中生态保护与经济发展之间的平衡。伍国勇（2004）讨论了社会经济层面的生态化概念，他认为从社会发展角度来看，生态化本质是一种社会实践方法，从经济发展角度而言，生态化本质是一种发展模式，要求产业发展过程中依托生态发展理念，形成生态化的发展模式[105]。

产业生态化是生态化理论在经济发展领域的应用。很多学者对该理论进行了深入研究，袁增伟等（2004）认为，产业生态化是依据生态经济学原理，综合运用生态、经济规律即系统工程方法经营传统产业，以实现经济和社会效益最大化、资源高效利用、生态环境损害最小化、废弃物多层利用的目标[106]。张文龙、邓伟根（2010）认为产业生态化是以产业生态学理论为指导的产业发展的高级形态，通过模仿自然生态系统闭路循环模式构建产业生态系统，按照生态和经济规律安排生产活动，实现经济效益、生态效益和社会效益的统一，最终实现产业和自然的协调和可持续发展。产业生态化的基本要求在于尊重并利用生态经济系统的结构和功能，实现经济效益、生态效益与社会效益的统一[107]。

（2）养殖生态化与生态养殖。

养殖生态化属于产业生态化的范畴，也是生态化理论在养殖产业中的引申与应用。更一般的概念是农业生态化，对农业生态化的研究相对比较丰富，而养殖生态化则是农业生态化的构成部分，根据本书的研究目标，主要是指大农业背景下的海水养殖产业的生态化研究。根据前文中对生态化以及产业生态化的论述，推导出养殖生态化具有两个特征，一是养殖过程必须要体现生态发展的目标，并且不断深化和扩散；二是养殖中要注重生态学原理和方法的应用。养殖生态化本质上是生态目标与养殖活动协调发展的养殖模式，广义上是生态发展理念在养殖过程中的应用，狭义上是指养殖生态化的具体模式的发展[77]。根据这两个特征表述，在很多文献中，养殖生态化经常被等同于生态养殖、生态化养殖，只不过其更多的是指狭义上具体的具有生态特征的养殖模式或者养殖技术。

(3) 海水生态养殖。

一般认为，水产养殖和捕捞是渔业的两大构成部分，但是除了生产对象是海洋生物以外，水产养殖的生产原理和规律、生产模式等更接近林业、畜牧养殖业[108]，基于这个观点，本书对海水生态养殖的概念界定重点强调了其“生态”和“养殖”的内涵。水产养殖是利用某一海域或者池塘、滩涂等自成生态体系的区域建立起来的一种半人工生态系统，介于自然生态系统和人工生态系统之间，因此，其中的生物群落组成与其他海洋生态系统有所不同。根据养殖品种不同，鱼类、贝类、甲壳类以及大型藻类都可以是系统中的主要组成部分，这些养殖生物品种可以单一养殖，也可以互相混养，并与其他的浮游生物、微生物等非养殖生物共同组成养殖生态系统中的关键功能类群。

因此，狭义上海水生态养殖是指在一定范围的海洋生态环境中，根据海洋生态系统生物多样性、共生互补性、整体稳定性的自然规律，借助生物科学、环境科学等技术手段和生态管理方法，建立起具有资源永续、循环稳定、环境友好、安全高效的生态系统，促进目标养殖生物与海洋生态系统紧密结合，共同生长增值的一种生态、健康、科学的养殖模式[16,33]。

(4) 海水养殖户。

海水养殖户是实施海水养殖产业的主要群体，一般以家庭为单位，各自分工从事生产。海水养殖户一般资金量比较小，技术能力有限，养殖规模也不大，与养殖合作社、水产企业等经营主体有所区别，但是通过与养殖合作社、水产企业开展多层次的合作，可以提高其水产养殖能力和经营能力。

海水养殖户在过去以及未来相当长时间内都是我国海水养殖产业的主导力量，也是我国海水养殖生态化转型发展的参与主体，但是受限于知识、技术、资金等问题，往往注重短期的、当下的利益最大化，环保观念淡薄，对海水养殖生态环境系统的保护缺乏主动性，对开展海水生态化养殖缺乏积极性。因此，关注海水养殖户生产中存在的现实困难，正确地引导和推动养殖户参与到生态化养殖过程中需要政府在各方面给予支持。

3.1.2 海水生态养殖的发展目标

海水生态养殖是基于生态系统的生产管理方式，随着海水生态养殖的理论研究不断丰富，发展实践不断创新，这种养殖模式在提高水产品产量、保护生物资源、维护生态平衡等方面的优越性也逐渐得到人们的认可。总体来说，发展海水生态养殖的主要目标有以下三个方面。

一是生态目标。通过发展海水生态养殖构建多层次综合性的系统养殖，减少传统海水养殖带来的污染，减少高密度无秩序养殖，维护并改善海洋生态环境。

二是经济目标。实行海水生态养殖以提高水产养殖产量和质量，提高水产养殖可持续发展和增值潜力。

三是社会目标。采用生态养殖系统模式以提高水产养殖的管理质量、创造近海渔业就业、增加休闲、教育和相关研究发展。

3.1.3 海水生态养殖的特征

如前文所述，传统的养殖模式不可持续，呼吁实现海水养殖模式的转变，而生态养殖作为一种养殖发展模式，充分体现了养殖活动与生态环境的本质关系和发展规律。海水生态养殖作为生态化养殖大系统中的一个发展类别，既符合生态养殖的本质内涵，同时兼具产业自身的发展特点[109]。

第一，海水生态养殖具有系统性特点。海水生态养殖结合现代化高新技术，通过合理投入人工物质，优化能量投入结构，改善养殖基础设施，同时在生产、分配以及产品流通的各个环节中坚持养殖生产的循环发展。海水生态养殖要对传统养殖方式进行改造发展，而不是完全摒弃，通过综合各种水产养殖模式的优势，形成全面多样的发展体系。所以，海水生态养殖是一整套的系统化工程，也是海水养殖现代化发展的综合体系。

第二，海水生态养殖具有高效性特点。高效性主要体现在海水生态养殖能够形成较高的经济效益、社会效益。生态养殖可以养殖生产多种多样、质量安全、品质上乘的水产品，既满足了人们消费升级的需要，又提高了水产养殖户收入水平；同时又提高了劳动生产率和资源利用率，从而促进了水产业的健康发展。可见，坚持发展生态养殖是现代化渔业养殖发展的重要方向，也是实现海水养殖生产方式转变的要求。

第三，海水生态养殖具有持续性的特点。海水生态养殖始终把海洋环境保护和养殖生产活动相结合，一方面生态养殖是建立在对资源的合理开发和利用的基础上，避免了掠夺式和破坏性生产；另一方面生态养殖又能通过环境友好的发展模式和系统化的资源共生作用，改善生态环境，保持资源系统的生态平衡。生态养殖的发展为人类提供了优质的水产品，满足了人们生活需要，在生产中兼顾海洋生态系统的平衡保护，是一种可持续的发展模式。

第四，海水生态养殖具有适度性特点。发展生态养殖既要考虑到当地的自然条件、生态环境是否满足生产发展的需要，同时也要结合当时的海水养殖发展现状来确定养殖规模和具体方式。海水生态养殖技术和模式总类多样、形式各异，并且每种不同技术或模式适应的自然条件差异也较大，因此形成的各种应用组合也很复杂。而我国海域辽阔，海岸线绵长，近海自然条件、资源禀赋复杂多样，沿海区域经济社会发展水平参差不齐，因此发展海水生态养殖要坚持因地制宜，注重发挥区域优势特点；同时对于生态养殖具体模式的选择要尽可能准确而高效，并在实际应用中不断调整和改进以适应生态条件和技术更新。

3.1.4　海水生态养殖的主要模式

随着人们生态意识的增强，基于生态系统的管理理论（Ecosystem-Based Management，EBM）得到国内外的高度重视，成为发展海洋生态渔业（生态养殖）的基础理论。该理论的核心内容就是维护生态系统的健康和可持续，强调从海洋生态整体系统出发制定渔业管理政策，并应用多学科知识，加强各部门合作，实现生态环境和经济社会协调发展。海水生态养殖作为现代海洋渔业发展的重要内容，颠覆了传统养殖的发展观念，避免了高密度养殖带来的近海污染以及病害滋生等问题。海水生态养殖的发展是一场生态技术的创新，也是海洋渔业生产方式的一种改进，将会提高海洋渔业发展效率，再造海洋蓝色经济可持续发展。国内外很多国家、地区在过去的几十年里都积极研究和发展海水生态养殖，并形成了一些成功的实践经验和领先技术。

(1) 多营养层次综合养殖技术。

多营养层次综合养殖（Integrated Multi-trophic Aquaculture，IMAT）是指在不同的营养水平下对多个物种进行联合培养。养殖过程中未食用的饲料、副产品颗粒废物和溶解的营养物质被其中的共养品种重新捕获，并转化为能源、饲料或肥料[110,111]。IMTA养殖系统由各种不同的海洋生物组成，不仅包括头足类动物和滤食性贝类，还包括藻类以及分布沉积性动物，不同的生物之间形成不同的营养层次，某些养殖生物产生的排泄物通过系统内部自我消化，实现系统中营养物质的高效循环利用，既达到了控制养殖水域营养化的环境友好型生态养殖的要求，同时又提高了食物产出效率，实现了高效增产。

多营养层次综合养殖模式本质上是一个平衡的生态系统管理方法，在减少生态足迹、提高水产养殖的经济多元化及社会接受程度方面具有优势。具体到生产的整个过程中，由于在养殖过程中增加了吸收物种的养殖，并且利用多物种的不同生长成熟期，养殖户可以在生态条件允许的范围内扩大生产。

多营养层次综合养殖技术在刚开始的时候往往来自实验室或者小规模养殖体系的操作，随着技术发展不断完善以及养殖条件不断升级，这种养殖技术逐渐实现规模化、产业化发展。多营养层次综合养殖模式的优势逐渐被认可，这种模式也成为国际上讨论的热点，基于这种模式的发展理念可以认为是生态养殖的核心，也符合健康养殖的趋势。

国际上很多国家在多营养层次综合养殖方面都取得了较为成熟的经验，加拿大已经构建了鱼、贝、藻多营养层次综合养殖模式[14]。陆基多营养层次综合养殖在以色列、澳大利亚以及南非等国的研发与实践也比较成功，至于挪威、新西兰等国家，在本国成熟的水产养殖系统中，也通过各种计划逐渐建立适宜的 IMTA 模式。

(2) 海洋牧场建设技术。

海洋牧场（Ocean Ranching）是一个新型的增养殖渔业系统，是基于生态系统，利用现代科学技术，运用现代管理理论与方法进行管理，最终实现生态健康、资源丰富、产品安全的一种新兴海洋渔业生产方式[112]。张国胜、陈勇（2003 年）等认为，海洋牧场是以海洋水产生物资源增值和种质资源保护为目的，通过建设人工鱼礁、增殖放流和藻类种植等技术手段，人工营建的海底生态系统[113,114]。海洋牧场通过科学的管理手段实现海洋渔业资源牧化生长，从而有利于养殖和捕捞的可持续发展。虽然关于海洋牧场的内涵有多种阐述，但是都认为这是一种以生态系统平衡为指导思想，并以促进渔业可持续发展为目的的生态渔业生产方式。

海洋牧场是一种人工生态系统，但其本质特征是其生态属性，通过人工的改造和建设，最终形成一个类似有机生命体的生物群落。这个生物群落的发展有其自身的特点。一是规模合理化，一个类生物群落的发展关键在于维持群落内外的平衡，海洋牧场的建设过程中对海洋资源的开发利用以及牧化中排放废弃物必须要在海域环境的生态承载力范围以内。因此，海洋牧场发展中不能盲目扩张规模，追求不科学的集群规模效益，要尽可能促进养殖废弃物的循环再利用，尽可能降低养殖活动对海域生态环境的负面影响，否则将导致养殖生产超出生态环境的承载力，最终结果将会是整个牧场生态环境的崩溃。二是生物种群结构柔化[115]。对于海洋牧场建设中投放和管理的种群结构问题，要注重物种之间的共生关系以及所处不同营养层次的搭配。不能盲目地只选择高价值的主导品种进行种养，只有合理搭配才能实现种群结构的合理化、生态化，从而促进海洋牧场人工生态系统的稳定性，避免一些可能的养殖风险。

海洋牧场建设目的有两个，一是提高渔业增养殖能力，二是促进海洋生态环境修复[33]。现代海洋牧场是一种新型的渔业产业形态，通过海水养殖、海水增值、水产品加工与流通等产业要素的有机融合，并积极发展多种形式的休闲渔业，可以有效促进渔业第三产业的快速发展，这有助于推动渔业转方式、调结构和提质增效。海洋牧场建设包括苗种繁育、养殖、增殖及捕捞等一系列环节，在整个过程中注重保护生态环境以及对海洋资源的养护，是健康的渔业生产方式。

20 世纪 60 年代后，我国海洋农业奠基人曾呈奎院士等提出了我国海洋渔业必须走“海洋农牧化”发展道路的观点。我国的海洋牧业在 20 世纪 70 年代中后期恢复并兴起，结合技术手段发展多种产业形态，并与国内外海洋牧场理念和经验相互借鉴，经过 30 余年的发展，我国沿海已经建成大量以投放人工鱼礁、移种植海草海藻、底播海珍品等为主要内容的海洋牧场。

(3) 工厂化生态养殖技术。

工厂化养殖也叫工业化养殖，是现在世界上很多国家发展水产养殖业的重要发展方式。工厂化养殖采用的是类似工厂的生产方式，利用现代化高新技术例如生物、生态、化学、机械仪器等构建水生生物所需的生长环境，然后通过半自动或者全自动的管理系统，对水产品养殖的全过程进行监管和控制，实现养殖品种在最佳的环境下获得最快的生长速度[116]。

自 20 世纪 60 年代开始，工厂化养鱼模式便在国外逐渐应用，丹麦、日本、美国、德国、英国等水产业发达的国家建立了先进的工厂化养殖系统并发展了领先世界的养鱼技术。工厂化养殖模式的关键技术是对养殖环境的控制。在工厂化养鱼的早期发展阶段，主要的技术在于控制水温和水流、发展充气增氧技术进行高密度养殖。经过十几年的发展，机械过滤、生物净水、纯氧增氧等设备和手段被运用于养殖系统，工厂化养殖逐渐过渡到低排放的“循环经济”发展阶段；随着纳米、微生物等现代高科技的进一步发展，工厂化养殖基本达到废弃物“零排放”标准，实现养殖过程水循环的现代化养殖。日本、欧洲国家和美国对陆基工厂化养殖的研究也产生了很多实用的成果，比如关于养殖新品种开发、防病技术、水处理技术等。封闭循环水产养殖技术发展快速，随着应用优势不断显现，在一些西方国家实现了产业化，促进了工厂化养殖的新发展。

工厂化生态养殖的优点一是它可以有效防止养殖疾病，提高养殖品种的存活率，这样还可以减少药物的使用，提高水产养殖成品的质量。优点二是工厂化养殖可以在养殖的可行范围内形成自己的养殖小气候，根据特定的环境养殖更多不同的品种，并且可以随着市场需求的变化进行调整，降低市场风险。优点三是工厂化养殖的水产品更加健康和绿色，这主要得益于养殖中水处理技术的应用。

(4) 海洋深水网箱养殖系统。

近海养殖活动很容易受到人类活动的影响，特别是陆源污染的影响；同时经过长期不科学、无规划的开发、占用，近海海域但凡天然条件尚可的养殖海域几乎都已经被利用，近海海域养殖密度太高也一度成为我国海水养殖产业发展中的突出问题。因此，很多国家在积极研究和推广离岸深水养殖技术。随着很多技术难题逐渐被攻破，这将引领未来海水养殖的新方向。

目前，很多国家已经关注并开展了离岸海水养殖的相关工作，离岸深水养殖的各项技术被迅速推广。2000 年，墨西哥海湾离岸养殖协会成立，该协会的主要目标就是促进离岸水产养殖发展，以实现经济社会和海洋环境的持续性发展。2005 年美国国会确立了国家深水养殖相关法令，这是世界上第一个为深水海域养殖立法的国家。针对海洋深水养殖特点，鱼类深海养殖的网箱开发以及深海养鱼平台建设是当前技术研发的主要对象。海洋深水网箱可以设置在水深 15 米以上的深海海域，其养殖容量大约可以达到 1 500 立方米以上，使用面积大，可以实行大规模养殖，并且有助于提高养殖鱼的质量。这种网箱抗风浪、抗海流的能力较强，也减少了深海养殖的自然风险，提高了养殖效益。同时，得益于海洋深水网箱养殖技术的发展和不断改进，它在拓展养殖海域、减轻近海养殖压力方面的优势不断凸显。海洋深水网箱养殖可以实现海水鱼类养殖向集约化、规模化、产业化方向发展，并实现海水养殖的可持续发展。

未来深水网箱养殖还将综合应用先进的工程技术和新型材料等高新技术，在规划布局、容量控制、网衣防护、防止污损及养殖总类上实现突破，研发水质自动监测记录设施、水下监听设施，自动投饵、死鱼及残饵收集、分鱼收鱼、工作平台及工作船等养殖专用装备。各种技术的不断发展，将进一步促进深水网箱养殖的高效发展。

3.1.5 海水生态养殖的作用和意义

良好的生态环境既是水产健康养殖的需要，也是维护人类社会切身利益的需要。因此，发展海水生态养殖，既是转变渔业经济发展方式、推进渔业转型升级的重要内容，也是实现生态环境修复、推进渔业生态安全的重要手段，更是确保水产品质量安全、促进养殖渔民增收的重要保证。海水生态养殖的主要作用和意义包括以下五个方面。

一是发展海水生态养殖有利于保护海洋生态环境，推进渔业生态安全。养护海洋资源，保护海洋环境是发展生态化养殖的基本属性。我国近海养殖业迅速发展的同时，也带来了养殖污染等一系列问题。如何养护近海水域生态环境，缓解水生生物资源衰退状况，确保海水养殖生态安全已成为当前我国建设现代海洋养殖业的重要方向。发展海水生态化养殖，通过使用生态技术措施，使用无公害饲料，推行环境友好的养殖模式，能够改善水质和生态环境，最终促进生态和经济协调发展。

二是发展海水生态养殖有利于优化产业结构，推进产业转型升级。海水生态养殖遵循生物多样性、互为依存性、整体稳定性的生态系统原理，从产前、产中、产后一条龙产业链的角度考虑问题。海水生态养殖不仅考虑养殖户单一水产品产量，还要考虑相关联的水生生物的发展，不仅考虑海水产品的生产问题，还要考虑水产品的加工和运销问题。因此，为了使海水产品的收益最大化，养殖户有意愿参与生态化养殖产业链中的各个部分的建设，以提高海水养殖的产出质量，推动生态养殖模式中各种不同生物的生态系统维护。这有利于改造传统的养殖业发展模式，推进海水养殖的经济增长方式转变，有利于环境改良的海洋渔业可持续发展。

三是发展海水生态养殖有利于提高海水产品质量，提高人民生活品质。随着经济的不断发展，人民生活水平不断提高，人们对海产品的需求量不断增加的同时，也更加关注水产品质量安全问题。发展渔业生态养殖，不仅是养殖增产的保障，也是产品质量的重要保证。同时，海水养殖在我国渔业经济增长中占有重要的位置，水产品出口一直以来都是我国重要的创汇产品，国际市场亦对水产品的质量要求比较高，为了在国际贸易竞争中占有有利的位置，我国海水产品也要提高质量。借助生态化养殖，推动由资源消耗型转向环境友好型的发展模式，增加优质、高效、集约、安全的渔业产品产出。因此，实施海水生态养殖不仅是促进渔业产量增加和质量提高的双赢政策，也是促进环境保护和经济发展的关键。

四是发展海水生态养殖有助于渔民增产增收，实现就业发展。海水生态养殖旨在产出无污染、无公害的安全水产品，生态养殖的水产品品质高、口感好，受到消费者的欢迎。随着国家对海洋经济发展的日益重视，海水养殖作为其中最具有发展前景和潜力的产业之一，借助政策支持和现代技术的应用，坚持生态化养殖，一定能够成为渔业增产增收的重要手段。有别于传统渔业发展中由于污染与养殖的矛盾产生的收入瓶颈，生态化养殖是一种生态自循环发展的有效范式，有利于生态的自我平衡。

3.2 我国海水养殖生态化发展实践

得益于我国海水养殖的良好发展基础和国家政策支持，近年来海水养殖业取得了长足的发展，发展态势稳定趋好，总体产量持续增长，总体产值稳步提高。海水养殖面积总体趋于增加，养殖方式多样，品种布局不断优化。虽然我国海水养殖发展势头良好，但是传统海水养殖弊端明显，制约海水养殖业的健康发展。随着海水养殖业的蓬勃发展，各级政府和养殖户越来越重视和保护海水养殖海域，尝试实现海水养殖生态化发展。

3.2.1 我国海水养殖生态化发展的基本情况

(1) 政策支持力度不断加强。

国家以及各级政府充分认识到水产养殖业在未来经济发展和人们生活中的重要作用，近年来相继出台了一系列方针政策，强调了养殖业的重要战略地位以及国家发展优质养殖的重要决策方向。2003 年，农业部发布“水产养殖质量安全管理规定”，文件指出要提高养殖水产品质量安全，保护渔业生态环境，促进水产养殖业的健康发展。2006 年，农业部发布了《水产养殖业增长方式转变行动实施方案》，方案指出要“大力倡导、推广水产健康养殖方式，引领我国水产养殖业发展转变观念、创新模式、挖掘潜力、提高质量，推进水产养殖业从追求数量向数量与质量、效益和生态并重的增长方式转变”。2012 年国务院批准《全国海洋功能区（2011—2020）》，文件中对开展渔业资源增殖放流以及发展健康养殖提出了有关规定和要求，再次强调了海水养殖业在海洋经济发展规划中的重要布局。2013 年，国务院发布《关于促进海洋渔业持续健康发展的若干意见》，特别强调生态环境保护与海洋渔业可持续发展将是未来一段时期的主要工作。2016 年 5 月，农业部发布《农业部关于加快推进渔业转方式调结构的指导意见》，提出优化养殖空间布局，科学布局海水养殖，大力发展水产健康养殖，转变养殖业发展模式的发展目标和具体要求，以进一步促进渔业总体经济发展。2017 年的中央 1 号文件提出，“支持集约化海水健康养殖，发展现代化海洋牧场”。2018 年中央 1 号文件再次强调“统筹海洋渔业资源开发，科学布局近远海养殖和远洋渔业，建设现代化海洋牧业”。作为海洋经济发展重要内容的海洋牧场迎来了难得的发展机遇。

这一系列的政策文件，关注的不仅仅是以往的养殖产出最大化问题，而且关注养殖产业的健康、安全、可持续发展问题，尤其强调了水产养殖过程中改善和保护水域生态环境问题，更加注重水产养殖与生态环境协调发展问题，这为我国海水养殖生态化发展奠定了重要政策基础和发展方向。

然而，海水养殖生态化发展是一个长期过程，国家各项政策体系还处于完善之中，因此通过国家政策的改进产生有效的引导力尚需一定的时间。

(2) 技术进步助推生态化转型。

海水养殖的生态化发展关键还在于高效的技术进步，只有依托技术进步，才能真正推动养殖业的生态转型发展。

第一，国家大力支持和加快水产技术研究工作。近年来我国加强对海水生态养殖的技术研究，为环境保护基础研究的发展创造了良好的氛围。中国水产科学研究院以及各类水产研究机构开展各项研究，致力于促进我国水产养殖技术进步，并取得了一批有价值的成果。特别是有关于生态养殖设施、模式的研究，有助于为养殖水体保护提供有益的参考，也有助于为开展生态化养殖提供有效支撑。

第二，高效基础设施建设大大推进了水产养殖健康模式转型发展。比如建立复合池塘养殖生态系统改变了传统池塘养殖中滥用药物的现象，通过生态系统的自净功能消化污染，提高养殖产量和产品质量，提高了生态效益和经济效益。建立鱼类原良种场设施以及水体自然净化系统等一批健康养殖设施系统，提高苗种培育产业标准化、优质化发展水平，实现经济和生态效益协调发展。

第三，物联网技术的应用助力海水养殖生态化发展。现代化信息技术发展迅速，物联网技术在水产养殖中的应用越来越广泛，在上海、江苏以及天津等地区都已经进行了试点和应用。利用物联网技术实现水环境监控，通过随时监测水产养殖中的溶解氧、氮等水体指标，并将数据转换传输到养殖户手中。养殖户能够随时随地借助电子网络设备掌握养殖水环境状况，并及时采取适宜的应对措施。物联网在水产养殖中应用越来越广泛，包括可以监测养殖产品生产情况、投饵情况、养殖密度等。

第四，生物方法在水产养殖中的作用日益凸显。生态养殖的重要特征就是要实现养殖区域内的所有生物之间以及生物与环境之间的稳态，通过采用生物方法干预海水养殖生态系统，实现养殖区域内的生态稳定。例如，PCR-DGGE 微生物分析技术等被应用在养殖生产中，有助于在半人工的海水养殖生态系统中实现生态平衡，推动水产养殖业的持续性发展。

（3）养殖模式创新引领产业升级。

近年来，我国加大对多营养层次的综合养殖模式的研究和投入，大力发展海洋牧业化模式和生态混养模式，实现养殖结构的优化，发展养殖品种的多样性，减轻养殖活动对生态环境的压力。

我国的海洋牧场建设历经 30 多年的发展变化，取得了很大的成就。从数量上看，截至 2016 年，我国已建成的海洋牧场超过 200 个，其中国家级海洋牧场示范区达到 42 个。从空间上看，沿着我国从北到南海岸线周边海域都有分布，辐射海域面积超过 850 平方千米。从增养殖品种上看，增殖、底播的品种不仅包括海藻，还有很多是高价值的海珍品。已建成的海洋牧场有利于保护海洋生物资源和海域生态环境，提高了沿海地区的经济、生态和社会效益，对我国海水养殖生态化发展起了重要的推动作用。根据 2017 年农业部印发的《国家级海洋牧场示范区建设规划（2017—2025 年）》的数据，已建成的海洋牧场年可产生直接经济效益 319 亿元、生态效益 604 亿元，年度固碳量 19 万吨，消减氮 16 844 吨、磷 1 684 吨[117]。除此之外，海洋牧场生产与海洋休闲旅游等产业相互融合发展已成为沿海经济发展的重要领域。

我国各地积极探索发展生态混养、综合种养新模式。目前，包括鱼菜共生模式、稻渔综合种养模式、多营养层次养殖模式、池塘工程化循环水养殖模式、工厂化循环水养殖模式、多级人工湿地养殖技术等养殖模式在各地实践，取得了良好的生态效益和经济效益。在天津、北京、河北等省（市）建立

"鱼菜共生"核心示范区 24.9 万亩，辐射带动全国 100 万亩以上[118]。河北曹妃甸的"异形瓣鳃类软体动物和海参混养"技术即"海参圈套养牡蛎"，经过多年的尝试攻关，取得了成功，该技术的成功既有利于海洋生态恢复，又能够实现养殖增产。

此外，我国沿海各地还特别关注了滨海湿地保护和修复工作，利用湿地环境中特有的生态系统，发展湿地养殖模式，养殖活动产生的污染废水，通过湿地土壤吸收、植物的光合作用以及微生物的分解达到净化的目的，去除海水养殖水体中的氮、磷等物质，实现海水养殖废弃物零排放。根据此原理发展的人工湿地养殖模式，投资少而且系统对水质变化适应力强，是一种安全生态的养殖新模式，目前在全国很多地方推广应用，并且生态效益和经济效益都表现良好。

综上所述，我国在水产养殖技术的发展以及养殖产业各种创新模式的开展，为海水养殖生态化发展奠定了良好的基础，有助于推动海水养殖业生态化转型发展。

3.2.2 我国海水养殖生态化发展的典型案例

(1) 浙江省海水池塘生态综合养殖实践。

浙江省是我国传统渔业省份，水产养殖历史悠久，著名的"桑基鱼塘"养殖模式就起源于此。在过去的发展中，浙江省水产养殖就取得了很好的成绩，其整体规模和体量在全国各省中也是排名前列，其中海水养殖也成为浙江省发展的重点方向和优势产业，海水养殖面积达到 133 万亩之多。近年来，浙江省积极调整养殖结构，以供给侧结构性改革为主线，全面升级打造现代海水养殖业发展新格局，尤其注重发展生态化养殖综合模式。

依托各高校、海洋研究机构、国家平台以及养殖户的配合实践，浙江省在海水生态养殖的方面完成了很多成功的试验模式，并逐渐被推广及采纳，产生了示范引领作用。为提升浙江省海水养殖优势产业即滩涂贝类养殖产业的综合效益，浙江省海洋水产研究所与多方合作，集成构建了以滩涂贝类为主的海水池塘鱼虾（蟹）贝生态综合养殖模式，该种养殖模式一方面实现了养殖系统的稳定高效，另一方面实现了养殖水体的净化和达标排放，真正实现了经济、社会和生态的和谐发展。

浙江省海洋水产养殖研究所贝类研究团队研发和总结提炼了缢蛏底铺网养殖、陆基大规格苗种中间培育、海水池塘微孔底增氧、水质在线监测集成及响应、海水池塘鱼—贝接力生态养殖、篮子鱼防控浒苔等多项实用技术，在温岭核心示范区进行了集成示范，多项技术在宁海、三门、玉环、温岭和乐清等县市进行推广应用，使以滩涂贝类为主的海水池塘生态养殖亩产效益提高了15%以上[119]。

以生态养殖为指导，浙江宁波象山积极打造滨海养殖生态链，养殖户们科学调整养殖结构，利用海洋物种的共生关系，在养殖水域中形成多营养级层次养殖系统，合理规划池塘内梭子蟹、基围虾、文蛤的养殖比例，并将该种模式积极推广到象山全县6.5万亩海水养殖塘。通过推行养殖生态化，循环使用养殖尾水，不达标的尾水不直接排入海洋，以保护海洋环境。

（2）山东省海水生态养殖发展实践。

山东省不仅是我国渔业大省，也是海水养殖大省，其中海水养殖“鱼、虾、贝、藻、参”五次产业浪潮均发轫于山东。山东省的海水养殖产量和规模均居于全国前列，然而在发展的过程中也遇到了很多问题，比如养殖污染严重、传统养殖空间萎缩以及养殖模式落后等。因此，山东省海水养殖的发展始终在寻找一条生态效益与经济效益相融合的养殖发展道路。根据中央1号文件精神，山东省海洋与渔业厅、省发展改革委员会联合印发了《山东省海洋牧场建设规划（2017—2020年）》，全省支持集约化健康养殖，全力推进海洋牧场的综合性、生态化建设。以海洋牧场建设为契机，山东省积极推进海洋渔业转型，从近海养殖向深海养殖发展，从捕捞渔业向“牧化渔业”发展。

山东威海市是海洋牧场建设发展的先行者，通过开展与高校、科研院所的合作，在海水生态养殖方面取得了很好的成效。一方面，威海市海水养殖着力发展培育新养殖品种，形成先进完整的良种繁育技术体系；另一方面，积极构建海湾多营养层次综合养殖模式，探索浅海贝藻生态养殖技术。威海市在南海海区实行了海参网箱与海笋综合立体养殖，大大提高了参苗的成活率和产量。同时，在南海海区的滩涂上不仅发展海水养殖，还发展海水蔬菜养殖，养殖与种植有机结合，创新发展了海水立体农业，是沿海农业综合开发利用的成功尝试。

威海市下辖的荣成市更是推行海水生态养殖的典型，荣成市由传统养殖向生态高效养殖发展，实施海带疏密工程，推广多营养层次立体生态养殖模式，大力建设“资源修复＋生态养殖＋高质高效”的海洋生态牧场综合体。荣成市通过与中国水产科学研究院黄海水产研究所开展深度合作，探索实施“721”生态立体养殖模式，藻类、滤食性动物和投喂性动物依照7∶2∶1的比例部署养殖结构，以此为核心的海洋牧场既可以产出大量优质的海产品，又可以实现养殖海域内资源可循环发展。经过近十年的实践和优化，桑沟湾20万亩海域亩均效益增加2.5倍以上，年固碳量11万吨以上，相当于植树造林12万公顷，实现了生态与经济效益的双赢。荣成市目前已成为全国最大的生态养殖基地以及水产健康养殖示范基地，包括长青国家级海洋牧场示范区在内，已经建成了一批渔业资源增殖和生态保护于一体的海洋牧场，以及最美渔村、特色小镇。

3.3 海水养殖生态化发展的国际经验借鉴

3.3.1 主要国家海水养殖生态化发展情况

(1) 加拿大。

加拿大水产养殖业坚持三位一体的原则，在养殖过程中强调安全、环境和经济三个要素。加拿大制定了严格的食品安全体系，这使得人们在消费加拿大水产养殖产品时，可以放心地得到高质量水产品。

加拿大海洋开发历史悠久，在海洋渔业发展过程中，逐步建立了比较完善的、多层次、多形式、多门类的海洋渔业法律。加拿大海洋渔业法律的一大特色就是保护和发展渔业生态环境。以20世纪60年代的《渔业法》和《沿海渔业保护法》为基础，加拿大海洋渔业有关海水养殖的法律法规都是基于环境保护的前提制定并实行。加拿大农业部及渔业和海洋部都始终坚持实施持续发展的保护措施以促进海洋渔业的生态化发展。加拿大渔业与海洋部（DFO）是全国渔业和海洋事务的主管部门，开展海洋管理和渔业服务等工作，该部门对加拿大的养殖发展实施了总量控制原则，要求各养殖单位根据养殖水域的可容纳量确定养殖数量，并要求养殖企业对养殖的海域环境定期进行水质监制，并报送相关部门进行审核、管理。加拿大渔业生产的管理优先考虑的因素始终是生态环境，希望通过有效的管理保护、恢复和发展渔业生态环境，从而为国内外市场提供安全、高质量的水产品，最终增强养殖企业的市场竞争力，促进本国海水养殖产业的发展。

加拿大水产渔业的发展过程中，各级政府和相关部门都非常重视养殖科技进步。加拿大采用“政府引导与企业主体”相结合的范式促进海洋科技创新，并坚持“以海洋科技创新支撑海洋产业发展，以海洋产业发展促进海洋科技发展”[120]。加拿大实行“水产养殖创新与市场准入计划（AIMAP）”，注重产品绿色生产以及产业发展的环境绩效问题，促进了本国水产行业的健康发展和国际竞争力的提升，有助于保持本国水产产业发展活力和可持续性。该计划对科技创新的支持方向包括“可持续生产技术创新、绿色生产技术创新以及生物多样性技术创新”[121]。事实证明，AIMAP计划成功地促进了加拿大水产的技术创新[122]。

（2）以色列。

以色列海水养殖的发展起步较晚，大约始于20世纪60年代后期，并主要集中在红海和地中海。得益于以色列的养殖技术发达，机械化、自动化水平高，其海水养殖产业发展迅速，国内外合作经验丰富。

以色列海水养殖产量主要来自于网箱养殖，但是考虑到亚喀巴湾的环境保护问题，政府已开始对湾内的网箱养殖进行适当的限制，而地中海养殖网箱系统以及基于陆地条件的全封闭海水循环养殖系统的开发应用逐渐发展。

基于陆地养殖的发展远景，以色列科学家Yossi Tal博士和希伯来大学的教授Jaap van Rijn合作开发了一套体系，经由以色列GFA（Grow Fish Anywhere）体系发展公司进一步完善和实践，最终形成了GFA养殖模式：一种不用换水或者向水中投放化学物质的陆上养鱼环境体系。

以色列水产养殖中的陆基IMTA养殖也是其重要特色。水资源紧张的以色列一直致力于高效、生态的水产养殖模式研究。以色列国家海水养殖研究中心（NCE）在鱼类养殖的基础上发展了一体化池塘养殖系统（Integrated pond System，IPS），通过养殖水循环再利用，在一定程度上缓解了养殖用水的问题。得益于该系统的使用，近年来，以色列陆基鱼—

贝—藻、虾—藻 IMTA 发展迅速[22,23]。

（3）挪威。

挪威水产商业化养殖始于1970年，20世纪80年后期和进入90年代后，大西洋鲑和虹鳟鱼的单种养殖产量和规模都出现了大幅度的增长。然而，这种过于迅速的扩张，缺乏全面、科学规划，随之而来的是频繁爆发的各种疾病和寄生虫病害。为此，政府采取了一系列的管理措施，规范并控制了养殖许可证的发放，对环境监测体系的规定也更加严格[123]。这些措施有利于养殖业的健康发展，但同时也制约了水产养殖规模的扩张。挪威的渔业部、环境部和农业部颁布了一系列的规章条例，包括水产养殖条例、鱼病条例以及污染法等。其中挪威水产养殖条例中最值得称道的是养殖许可证制度，规定了养殖场规模，并规范管理养殖许可证的发放数量。挪威水产养殖实行养殖许可证制度，这有利于对养殖规模、养殖密度、养殖年限等问题进行有效管理和规划，以达到保护环境和养殖生产协调发展。充分认识到不科学无规划养殖带来的负面影响，研究人员和从业者们一直为寻找产业的健康可持续发展的解决方案而努力。2006年以来，挪威政府相继设立了 INTEGRATE（2006—2011）、EXPLOIT（2012—2015）等多个专项来推进 IMTA 的研究，研究人员基于挪威大西洋鲑的产量及物质平衡方程评估了开展 IMTA 的潜力。

挪威水产养殖中的质量安全管理经验丰富，并且从选择苗种开始，到水产品进入市场之前，形成了较为稳定和完整的管理系统。水产养殖产业中常见各种许可证，包括苗种健健康证、加工屠宰许可证等，这有利于规范养殖户行为。另外，全程伴随监测系统，比如对饲料的严格要求，对抗生素的严格限制，以及对药残的监测等。有效的水产品质量监控体系，使得挪威水产品在国际市场上有很强的竞争力。

挪威水产养殖过程广泛应用计算机以及物联网技术，形成了高效、准确和精细的养殖管理系统。利用计算机技术实现自动投饵管理，并且这些饲料喂养记录会被记录和跟踪。监测系统可以对养殖水质进行测量，以便养殖主体和科技人员及时对养殖环境进行跟踪分析，做出调整。渔业信息系统还对包括养殖、捕捞、销售以及渔民自身的情况进行记录，这有助于对水产养殖进行规范管理。另外，针对不同的养殖品种和养殖情况，软件系统也多有不同，这样的管理更加有针对性。精准化养殖已经成为养殖技术改进的重要方向，海水养殖乃至整个海洋渔业发展不断渗入机械、电子等高科技技术，逐步向智能化、工业化转变[119]。

(4) 日本。

日本最早提出了海洋牧场的概念，也是最早建成海洋牧场的国家。20 世纪 80～90 年代，日本投入大量资金发展“栽培渔业”，可以认为是海洋牧场发展的雏形。“栽培渔业”的基本特征是借助于现代生物和电子科学的技术成果，人工增殖放养或者吸引自然鱼群，在海洋中实现对鱼群的管理。

早期海洋牧场主要是通过政府大量投入资金在海洋牧场相关领域的科学研究和试验中（包括人工鱼礁建设等）发展起来的。随着海洋牧场发展优势逐渐凸显，并且技术上可控性不断加强，日本政府在继续投入资金开展各项研究的同时，也鼓励企业和渔民积极参与，极大地促进了海洋牧场的建设与发展。

20 世纪 80 年代以来，日本海洋牧场的建设发展逐渐进入到较为稳定和成熟的阶段，除了经济效益，更加关注改善海洋生态系统环境，形成容易控制而又实现可持续性发展的养殖产业。因此，日本的科技工作者特别注重对海水洋流等自然养殖条件的研究，对那些能够优化海洋生态环境系统的物种比如藻类的研究也比较流行。日本的海洋牧场及水产养殖以建立发展

“多种资源复合养殖体系”为方向，在生产中尤其注重建立海洋生物与海洋自然生态的共生关系[33]。

得益于日本海洋牧场和水产养殖产业的不断升级发展，日本海洋生态环境也逐渐优化。比如，濑户内海的生态环境恢复，并且海域内渔业生产能力不断恢复并快速发展；北海道的水产养殖保持稳定高产等，都是日本发展现代化生态养殖所取得的成效。

此外，日本的陆基工厂化养殖应用大型机械设备和计算机系统实现自动化生产和智能化管理，陆基工厂化循环水养殖技术在日本发展成熟，并且实现了产量的稳定增长，取得了很好的经济效益和生态效益。陆基海水养殖的核心管理是养殖水管理，日本是世界上“最早将微生物固定化技术应用于养殖水处理中的养殖强国”[124]。应用生物学原理，采用微生物技术净化养殖过程中产生的废水，促进养殖水循环再利用，在节约用水的同时也减少了环境污染，提高了经济效益和生态效益。

3.3.2 典型国家海水生态养殖主要经验

由于各国地理位置不同、国情不同、发展海水养殖的条件不同，国际上典型国家在发展海水生态养殖中的具体做法有所区别，经过梳理和分析，可以总结出主要国家在发展海水生态养殖过程中的主要经验。

第一，重视法规和制度作用。全面的渔业法规体系在海水养殖生态化发展过程中起着重要的作用，包括海洋渔业资源保护法规、养殖法规、水产品质量控制法规等。健全的渔业管理行政体系也是保障海水生态养殖发展的重要保障。各国渔业部门设立了多个管理机构，对海洋渔业进行管理和监督，才能实现海水养殖产业的可持续、生态化发展。

第二，支持水产养殖科技研究。对水产养殖科技研究大力支持是水产养殖主要国家产业生态化快速发展、持续发展的重要条件。发展海水生态养殖，需要政府投入大量资金支持渔业科技发展，需要先进的研究设备，这有利于技术人员在宽松的科研环境下对养殖业的各个环节展开全方位研究。其中养殖设施、养殖饵料以及育苗技术等各方面的科技研究无所不包，并且需要产学研之间开展紧密而广泛的合作。产学研紧密结合，并在技术推广过程中与养殖户对接频繁，实际推广效果较好。

第三，注重水产品质量安全问题。水产养殖主要国家注重水质量安全管理，从选择苗种开始，到水产品进入市场之前，都有较为稳定和完整的管理系统。水产养殖产业中常见各种许可证有利于规范养殖户行为。高效的监测系统，比如对饲料的严格要求，对抗生素的严格限制以及对药残的监测等，可以从源头上保持水产品生态化特征。

3.4 本章小结

发展海水生态养殖，就是要按照海洋生态规律来利用海洋环境、开发海洋资源、落实海洋渔业科学发展观，实现养殖活动的生态化，构建经济发展与生态环境可持续发展的生态化系统。本章对海水生态养殖的相关概念进行了界定，总结了海水生态养殖的特征及其发展目标，对海水生态养殖的主要类型和模式及其发展状况进行了简单介绍，并提出了发展海水生态养殖的重要作用和现实意义。

海水生态养殖的理念已经深入人心，但是实际开展生态养殖却是一个复杂的过程。本章后半部分首先概括了我国海水养殖的生态化发展的基本概况，通过政策方针引导海水养殖的生态化发展，依托技术进步推动养殖生态转型，不断创新养殖模式实现养殖产业升级发展，并选择了海水生态养殖发展的典型省份浙江和山东分别进行了分析。另外，本章还选择国际上海水养殖主要国家和地区进行比较分析，介绍总结了加拿大、以色列、挪威、日本在海水生态养殖发展中的主要做法及发展经验。通过比较和总结这些典型案例，使我们对海水生态养殖的发展实践有一个较为具体和直观的认识，结合对海水养殖生态化发展的基本理论，可以逐渐勾勒出海水生态养殖的理论和实践发展的基本框架。

4 环境约束下海水养殖生态化发展的评价分析

为了更加科学、精准地掌握我国海水养殖生态化发展的状况，本书考虑对海水养殖产业的发展绩效进行评估。海水生态养殖发展的实质是实现经济效益、生态效益和社会效益的共同发展。因此，对海水养殖生态化发展的评价不能只考虑传统的经济效率，而要同时兼顾到投入、产出和环境影响等方面的问题。本章构建了我国海水养殖的投入产出指标体系，并将海水养殖污染表示为养殖生产中的非期望产出，分别从静态和动态两个方面测算环境约束下我国海水养殖业环境技术效率和环境全要素生产率，从而为我国实施海水生态养殖发展提供评价分析。

4.1 考虑环境约束的海水养殖业生产率分析

4.1.1 考虑环境约束的海水养殖业生产率内涵和测算

海水养殖生产率可以作为海水养殖产业经济增长绩效的重要衡量指标，很多学者应用不同的方法从不同的角度对我国海水养殖产业生产率进行了测度。但是受到研究方法的限制，早期的文献对海水养殖生产率的测算主要基于传统的资本、劳动和养殖面积等投入要素，而关于养殖产业发展必需的资源和环境要素的关注则较少。考虑环境约束下海水养殖产业生产率的核算，主要的难题在于对养殖产生的环境污染问题的处理。传统的 DEA 模型可以作为生产率度量的有效分析工具，但是却无法处理包含环境因素的问题，为此很多学者进行了方法的改进，形成了一些将环境污染纳入生产率分析的评价方法。根据潘丹（2014）的研究结果，主要包括曲线测度评价法、数据转换函数处理法、环境污染作投入处理法和方向性距离函数等[125]。

Fare 等（1989）最早于 1989 年提出曲线测度评价法，基本思想是将各种产出以“非对称”的方式处理，增加期望产出的同时，减少非期望产出。该方法以径向测度来分析期望产出的生产率，而用其倒数（曲线）测度来分析非期望产出的生产率，在生产率评价中实现了增加期望产出的同时减少非期望产出。虽然该种方法的优点明显，比如可以处理环境污染的弱可处置性和强可处置性，但是由于其本身是一种非线性规划方法，求解的难度较大，而且无法保证所得解的准确性，因此该方法的使用较为有限。数据转换函数法是将高的非期望产出转化为低的期望产出，将转化后的非期望产出视为普通的期望产出，经过转化处理就可以采用传统 DEA 模型处理生产率计算问题。具体的转换方法包括：负产出转换法、线性数据转换法以及非线性数据转换法[126]。环境污染作为投入处理的方法的基本思想是把环境污染作为投入要素，然后应用传统 DEA 方法进行分析。虽然该方法有一定合理性，但是考虑现实情况，非期望产出和资源投入并不总是保持一定的同比例关系，测量的生产率并不能反映真实的生产过程，因此对该种方法的应用也比较有限。方向性距离函数的基本思想是设定期望产出增加、非期望产出减少的方向，从而将环境污染纳入生产率核算体系，但是却成功地回避了环境污染的价格问题，因此该方法在实际中的应用较为广泛，但是仍然没有解决投入和期望产出的松弛问题。而进一步考虑到松弛变量问题的 SBM 方向性距离函数是处理生产率计算中环境污染问题的重要方法[51]。

考虑环境污染问题，通过构建SBM方向性距离函数测算海水养殖环境技术效率，反映各生产决策单元与生产边界的相对关系，是一种静态的分析。为了进一步从动态的角度衡量海水养殖生产率的变化，基于SBM模型构建Malmquist-Luenberger生产率指数，也是考虑环境约束的全要素生产率指数，该指数的结果可以拆分成为技术效率变化和技术进步两个部分，分别反映计算中每个决策单元与生产边界的相对位置变化和向生产边界移动的程度[127]。因此，本章对海水养殖业生产率的具体分析步骤为：首先估测静态角度的海水养殖业环境技术效率，测算海水养殖业发展的相对效率；其次从动态的角度测算考虑环境因素的海水养殖业全要素生产率即环境全要素生产率，以评估海水养殖业综合生产能力；最后对各省份历年来的海水养殖绿色生产率估值进行比较分析，呈现我国海水养殖业生态化发展的时空差异及其变化情况。环境技术效率和环境全要素生产率构成本书中基于非期望产出—环境污染的海水养殖业生产率核算体系。

4.1.2 考虑环境约束的海水养殖业生产率与产业生态化发展评价分析

海水养殖生态化发展广义上是生态发展理念在海水养殖中的扩散，狭义上是各种生态养殖模式和技术的采用，努力构建资源永续、环境友好、安全高效的生态系统，其发展的实质是实现经济效益、生态效益乃至社会效益的统一、协调发展。因此，对海水养殖生态化发展的评价也要综合考虑养殖投入、养殖产出以及生态影响三者的关系。

从海水养殖绿色生产率的测算和内涵亦可知，该指标体系反映了在海水养殖业发展过程中，要素投入、期望产出和非期望产出的相互关系，目标是追求通过减少投入、减少非期望产出，实现期望产出的提高。基于非期望产出的海水养殖生产率不仅关注经济效益，也考虑到了环境约束问题，因此该指标体系对海水养殖经济绩效的度量强调了经济和生态双重维度发展效果，是对现实条件下海水养殖经济发展真实绩效的反映，也是衡量海水养殖生态化发展水平的重要标准。图 4－1 反映了环境约束下海水养殖业生产率测算与评价体系的基本内容，其中有关海水养殖绿色生产率的影响因素分析将在第五部分进行。

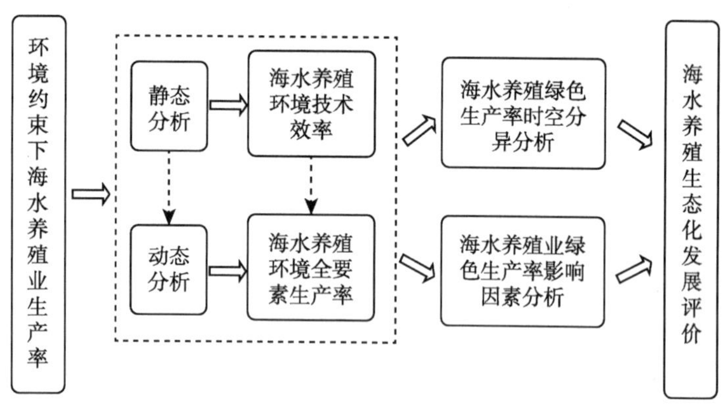

图 4－1　环境约束下海水养殖业生产率测算与评价

4.2　海水养殖业环境效率测算方法及指标数据选择

4.2.1　基于非期望产出的 SBM 模型

（1）环境技术和方向性函数法。

“在传统的投入产出分析中，没有考虑污染排放对生产效率的影响，但在资源环境约束越来越严格的情况下，污染排放对生产效率的影响是不可避免的[128]”。Fare 等（2007）最早对“环境技术”进行了定义和阐述，认为生产活动中除了传统的期望产出，同时还要把环境污染作为非期望产出，一起纳入生产可能性集合[129]。环境技术评估模型的基本假设和主要参数包括以下几个：考虑每个省使用 N 种投入要素 $x=(x_1,\cdots,x_N)\in R_N^+$，生产出 M 种期望产出 $y=(y_1,\cdots,y_M)\in R_M^+$，同时排放 I 种非期望产出 $b=(b_1,\cdots,ub_I)\in R_I^+$，在每一个时期 $t=1$，…，T，第 k（$k=1$，…，K）个省份的投入产出值为（$x^{k,t}$，$y^{k,t}$，$b^{k,t}$）[130]。在生产可行集满足所有假设的情况下，环境技术表示为：

$$p^t(x^t)=\begin{cases}(y^t,b^t):\sum_{k=1}^{K}z_k^t x_{kn}^t\leqslant x_n^t,n=1,2,\cdots N;\\ \sum_{k=1}^{K}z_k^t y_{km}^t\geqslant y_m^t,m=1,2,\cdots M;\\ \sum_{k=1}^{K}z_k^t b_{ki}^t\leqslant b_i^t,i=1,2,\cdots I;k=1,2,\cdots,K\end{cases}\tag{4-1}$$

环境技术评估模型中，z_k^t 代表模型中的生产单元的权重，其中 $k=1$，…，K 表示有 K 个生产单元，如果各生产单元的权重加总和为 1，则此时的环境技术是可变规模报酬（VRS）条件下的值，否则，就是规模报酬不变（CRS）情况下的环境技术。

Fare 等（2001）对环境技术的基本特征进行了解释。第一，模型中的有限投入带来的产出也是有限的，这就是投入和产出指标的可自由处置特征。第二，如果非期望产出较少也会导致期望产出发生减少，这是两者的联合弱可处置性特征。第三，期望产出和非期望产出具有零结合性，这意味着产生期望产出的同时，肯定也会产生非期望产出[130]。

基于环境技术模型的概念，为了进一步计算生态约束下的生产效率，有必要进一步引入方向性距离函数（Direction Distance Function，DDF）。与传统的谢泼德距离函数不同，方向性距离函数对产出的具体方向进行设置，比如以正负号来区别模型中的期望产出和非期望产出。假定方向向量 $g=(g_y, -g_b)$，纳入非期望产出的方向性距离函数可以表述为(Fare，2001)[130]：

$$\vec{D}(x^{k,t}, y^{k,t}, b^{k,t}; g_y, -g_b) = Max\{\beta: (y^{k,t} + \beta g_{ky}, b^{k,t} - \beta g_{by}) \in p^t(x^t)\} \tag{4-2}$$

方向性距离函数设定了方向性向量，可以将不同产出进行同等对待，而方向性距离函数中 β 用来表示期望产出上升与非期望产出下降的最大可能数量。

基于方向性距离函数的技术效率可以写成：

$$ETE(x^{k,t}, y^{k,t}, b^{k,t}; g_y, -g_b) = \frac{1}{1 + \vec{D}(x^{k,t}, y^{k,t}, b^{k,t}; g_y, -g_b)} \tag{4-3}$$

技术效率可以写成从当前生产单元到生产前沿面的距离，距离越远说明决策单元的技术水平越低，技术效率相应越接近于 0。当距离越近，说明决策单元的技术水平越高，技术效率相应越接近于 1[131]。

(2) 基于非期望产出的 SBM 模型。

方向性距离函数实现了在模型中引入非期望产出，这是一个很大的进步，但是其天然地带有传统 DEA 模型中的角度和径向特征问题，这是方向性距离函数的一个明显的缺点。角度特征是指应用模型评估效率的时候要设定投入导向或者产出导向，而不能同时从多角度准确客观地评估技术效率，即只能设定产出不变来解释投入最少问题，或者只能设定投入不变解释产出最大问题。径向特征则忽视了投入或产出可能存在松弛变量的问题，当投入或产出存在非零松弛变量的时候，传统的

DEA 方法无法较好地估测无效率程度及其影响。对于方向性距离函数问题，Tone（2001）提出了非径向、非角度的基于松弛变量的（Slack-based measures，SBM）测度方法，该方法在目标函数中包含了松弛变量，同时从投入和产出两个方面估算无效率情况[51]。考虑了环境约束，在常规的 SBM 模型中纳入非期望产出的变量，其公式表示为：

$$\vec{D}(x^{k,t},y^{k,t},b^{k,t};g)=Min\rho=\frac{1-\frac{1}{N}\sum_{n=1}^{N}s_n^x/x_{n0}}{1+\frac{1}{M+I}\left(\sum_{m=1}^{M}s_m^y/y_{m0}+\sum_{i=1}^{I}s_i^b/b_{i0}\right)} \tag{4-4}$$

$$\begin{aligned}\text{s. t.}\quad &\sum_{k=1}^{K}z_k x_{kn}+s_n^x=x_{n0},n=1,\cdots,N.\\ &\sum_{k=1}^{K}z_k y_{km}-s_m^y=y_{m0},m=1,\cdots,M.\\ &\sum_{k=1}^{K}z_k b_{ki}+s_i^b=b_{i0},i=1,\cdots,I.\\ &(z_k\geqslant 0;s_n^x\geqslant 0;s_m^y\geqslant 0;s_i^b\geqslant 0)\end{aligned}$$

该模型称为可变规模报酬（VRS）模型，其中（s_n^x,s_m^y,s_i^b）三个值依次代表各生产单位生产过程中要素投入冗余的松弛向量、期望产出不足的松弛向量以及非期望产出冗余的松弛向量。这三个值可以表示生产过程中的要素投入、非期望产出以及期望产出的值与各自边界值之间的差距。

SBM 模型中目标函数 ρ 关于s_n^x，s_m^y，s_i^b 严格单调递减，并且满足 $0\leqslant\rho\leqslant 1$。如果 $\rho=1$，意味着被评价的决策单元完全有效率；相反，如果 $\rho<1$，则意味着被评价决策单元产生了效率损失，可能是由投入冗余或者非期望产出冗余造成的，此时可以调整投入和非期望产出构成来实现期望产出水平。

(3) 基于窗式分析的生产前沿面构建。

进行技术分析和生产率分析，首先要建立有效且准确的生产前沿面。目前关于生产前沿面问题的研究中，根据选择的数据集不同主要有四种构建方法，分别是当期分析、贯序分析、跨期分析和窗式分析，并且这四种生产前沿面在其性质上存在着差异。以当期的横截面数据构成当期分析的基础是当期分析的主要特征，由于各个时期的生产前沿面存在不连续的情况，技术进步也存在不连续的问题。由于跨期分析采用的方法是根据所有数据来构建生产前沿面，因此避免了不连续的问题，但是这种方法的缺点也很明显，即所有的数据构建只有一个技术前沿，各个时期也只有这一个参考的生产前沿面，这使得分析结果不准确。贯序分析方法建立的生产前沿面，其每一期的数据总是包含之前的数据，因此弥补了前两种方法构建的生产前沿面不连续和同一性问题，但是由于每一期数据构成差别较大，产生了不平衡，也使分析结果不准确。相对而言，基于窗式分析的 DEA 计算模型考虑到了生产前沿面构建中的可比性问题，通过构造一个窗口期作为生产参考集，随着视窗沿着时间方向移动，在新的数据进入视窗的同时不断有数据离开视窗，这样既避免了当期分析中生产前沿面相互不连续的问题，同时也避免了跨期分析中生产前沿面始终相同的缺陷[128]。刘瑞翔（2012）同时指出，在视窗分析中所有的生产前沿面构建方法是相同的，得到的效率分析结果也更为准确和客观[128]。

窗式 DEA 的基本思路为：假设共有 k 个决策单元“DMU”（$k=1$，…，K），t 个时期（$t=1$，…，T），如果窗口的宽度为 d（$d \leqslant t$），那么每个窗口内的决策单元数量可以表示为 $k*d$，窗口的数量为 $w=t-d+1$。可见，窗式 DEA 在技术上增加了每个窗口的决策单元数量，对于那些决策单元较少的模型核算意义重大，因为窗式 DEA 间接“解除”了对“DMU”数量的限制[131]。

至于窗口期的选择，既有文献将窗口期设定为 2 期或者 3 期比较常见[128,132,133]。综合考虑技术效率的准确性、可比性以及操作性问题，本书根据既有文献以及研究的需要，将窗口期设置为 3 期。

4.2.2　Malmquist-Luenberger 生产率指数

(1) 考虑非期望产出的 Malmquist-Luenberger 生产率指数。

基于非期望产出的 SBM 模型计算的海水养殖业环境技术效率只是从静态的角度对海水养殖业的效率问题进行估测，这个效率值只能表示各省份海水养殖生产中的投入产出与其生产边界的相对位置情况，适用于横向的比较，分析截面上各决策单元技术的有效性问题，为了了解海水养殖业技术效率在时间上的动态变化趋势，需要结合技术进步进一步讨论环境约束下我国海水养殖业全要素生产率评价问题。在有关全要素生产率计算的方法上，笔者充分考虑了传统 DEA-Malmquist 指数存在的问题：一是该指数不具有传递性，这意味着不同时期的指数不能进行累乘；二是该指数体系存在技术退步和线性规划无可行解的情况[134]。同时，考虑到本研究中决策单元数量较少的情况，本章将结合窗式 DEA 测度效率的做法，使用固定窗式参比的 Malmquist 指数模型并结合环境约束条件计算海水养殖业的环境全要素生产率指数。

引入 Malmquist-Luenberger（ML）生产率指数开展动态的研究，一方面通过每个决策单元与生产边界的相对位置的变化，反映技术效率的变化，另一方面也反映出每个决策单元向生产边界移动的情况，即技术进步的变化。当然，Chung 等（1997）提出的 Malmquist-Luenberger 生产率指数，相对于传统的 Malmquist 指数，其关键是在方向性距离函数的基础上，成功引入了环境污染等非期望产出指标的问题，使得环境全要素生产率的测算成为可能[127]。根据研究文献，ML 生产率指数计算公式表示为：

$$ML_t^{t+1} = EFFCH_t^{t+1} \times TECHCH_t^{t+1}$$
$$= \left[\frac{1+\overrightarrow{D_q^t}(x^t,y^t,b^t)}{1+\overrightarrow{D_q^t}(x^{t+1},y^{t+1},b^{t+1})} \times \frac{1+\overrightarrow{D_q^{t+1}}(x^t,y^t,b^t)}{1+\overrightarrow{D_q^{t+1}}(x^{t+1},y^{t+1},b^{t+1})}\right]^{\frac{1}{2}} \tag{4-5}$$

$$EFFCH_t^{t+1} = \frac{1+\overrightarrow{D_q^t}(x^t,y^t,b^t)}{1+\overrightarrow{D_q^{t+1}}(x^{t+1},y^{t+1},b^{t+1})} \tag{4-6}$$

$$TECHCH_t^{t+1} = \left[\frac{1+\overrightarrow{D_q^{t+1}}(x^t,y^t,b^t)}{1+\overrightarrow{D_q^t}(x^t,y^t,b^t)} \times \frac{1+\overrightarrow{D_q^{t+1}}(x^{t+1},y^{t+1},b^{t+1})}{1+\overrightarrow{D_q^t}(x^{t+1},y^{t+1},b^{t+1})}\right]^{\frac{1}{2}} \tag{4-7}$$

ML_t^{t+1} 表示全要素生产率指数，可以分解为技术效率指数和技术进步指数，$ML_t^{t+1}>1$ 表示全要素生产率增长；$EFFCH_t^{t+1}$ 表示技术效率指数，衡量生产单位的产出与其生产边界的接近情况，$EFFCH_t^{t+1}>1$ 表示技术效率上升；$TECHCH_t^{t+1}$ 表示技术进步指数，用于计算技术发生进步的速度，衡量了基于技术进步的生产可能性边界向外推移的情况，$TECHCH_t^{t+1}>1$ 表示技术进步。

（2）基于窗口参比的 Malmquist-Luenberger 指数。

根据前文分析，基于窗式分析构造的生产前沿面不仅为解决面板数据的技术效率比较问题开拓了全新的思路，其优越性在比较全要素生产率方面也很突出。基于窗式分析的 Malmquist 指数采用的是多时期连续参考集，因此避开了传统指数计算中低估当期技术效率的情况[132,135]。通过对各类窗口 Malmquist 指数的适用性进行比较，本书选择固定窗口参比的 Malmquist 指数作为计算全要素生产率的主要方式。

进一步将考虑环境污染的 ML 指数与固定窗口参比的 Malmquist 指数相结合，就可以计算包含环境污染的全要素生产率指数了。参考既有的文献，结合这些研究结果，固定窗口参比的 ML 指数（FWML）设定如下[127,129]：

$$FWML_w^{fixed} = EFFCH_w^{fixed} \times TECHCH_w^{fixed}$$

$$= \frac{1+\overrightarrow{D_w^{fixed}}(x^t, y^t, b^t)}{1+\overrightarrow{D_w^{fixed}}(x^{t+1}, y^{t+1}, b^{t+1})} \quad (4-8)$$

$$EFFCH_w^{fixed} = \frac{1+\overrightarrow{D_w^t}(x^t, y^t, b^t)}{1+\overrightarrow{D_w^{t+1}}(x^{t+1}, y^{t+1}, b^{t+1})} \quad (4-9)$$

$$TECHCH_w^{fixed} = \frac{1+\overrightarrow{D_w^{fixed}}(x^t, y^t, b^t)}{1+\overrightarrow{D_w^t}(x^t, y^t, b^t)} \times \frac{1+\overrightarrow{D_w^{t+1}}(x^{t+1}, y^{t+1}, b^{t+1})}{1+\overrightarrow{D_w^{fixed}}(x^{t+1}, y^{t+1}, b^{t+1})} \quad (4-10)$$

其中$\overrightarrow{D_w^{fixed}}$（$x^t$，$y^t$，$b^t$）表示基于方向性距离函数的以固定窗口为参考集的 t 期效率值，$\overrightarrow{D_w^t}$（x^t，y^t，b^t）表示以时期 t 的窗口为参考集的 t 期效率值，其他指标与常规的 ML 生产率指数体系类似。鉴于以往文献的研究和实际测算需要，将模型的窗口的宽度设定为 3，设定 SBM 方向距离函数为非角度的，并通过规模报酬可变（VRS）模型计算该指数。

4.2.3　数据来源及变量统计描述

根据所介绍的理论和方法，为了测算我国海水养殖业绿色生产率，需要的数据主要包括海水养殖业产出，海水养殖污染以及发展海水养殖业的要素投入。考虑到数据的可获得性问题，本书的分析中没有包括天津和上海的数据，而是选取 2005—2015 年我国沿海包括河北、山东、辽宁、江苏、浙江、福建、广东、广西和海南等 9 个省市的数据，把 9 个沿海主要省份按其地理位置和经济特征分别划入环渤海经济圈、东海经济圈和南海经济圈，其中河北、辽宁和山东划入环渤海经济圈；江苏、浙江和福建划入东海经济圈；广东、广西和海南划入南海经济圈。数据主要从历年的《中国渔业统计年鉴》《中国渔业年鉴》《中国统计年鉴》等资料中搜集整理获得，并应用 Maxdea 6.3 软件测算海水养殖生产率相关指数。选取的主要变量如下。

(1) 常规投入变量。

参考既有的文献以及海水养殖业的产业特点，本研究的投入要素主要包括以下三个方面：海水养殖面积、海水养殖劳动力、海水养殖渔船（以海水养殖业机动渔船的年末拥有量计算）。

(2) 期望产出。

关于海水养殖技术效率核算的既有研究中，海水养殖业增加值、海水养殖产量均被考虑在内，作为期望产出的指标[73,74]，较多的研究采用海水养殖总产值作为期望产出指标。根据分析可知，海水产品的价格波动会对海水养殖总产出的变化有所影响，因此本书采用海水养殖业产值作为期望产出的指标，并对涉及价格要素的指标用 GDP 平减方法将当年产值换算成以 2005 年为基期的不变价格。

(3) 非期望产出。

统计年鉴中没有直接对海水养殖业污染造成的损失进行度量，参考纪建悦（2017）的处理方法，以《中国渔业统计年鉴》中的受污染造成的经济损失这一数据为基础，该项损失主要源于外部污染物排放以及渔业经济自身对环境的破坏。本书将海水养殖业产值占渔业经济总产的比重换算提取出海水养殖业污染造成的经济损失。至于海南省 2011—2015 年该项数据缺失，采用灰色预测法递推补齐。表 4-1 显示了考虑非期望产出的海水养殖业技术效率的投入产出指标体系。

表 4-1 中国海水养殖业技术效率的投入产出指标体系

指标类型	变量名称	衡量方式	单位
投入	海水养殖面积	海水养殖面积	公顷
	海水养殖劳动力	海洋渔业养殖类专业劳动力数量	人
	海水养殖渔船	海洋机动养殖渔船年末拥有量	千瓦
期望产出	海水养殖总产值	海水养殖总产值	万元
非期望产出	海水养殖污染的经济损失	受污染的经济损失×(渔业经济增加值/GDP)×(海水养殖面积/总面积)	万元

表 4-2 是对中国海水养殖业的投入产出指标的统计描述，可知我国各省市海水养殖业的投入、产出差异还是比较大的。从不同的沿海经济圈来看，环渤海经济圈和东海经济圈的海水养殖污染量都超过了全国海水养殖污染的平均水平，其中环渤海经济圈的海水养殖污染量平均值最大。同时，环渤海经济圈的海水养殖总产值也是三大沿海经济圈中比重最大的，大大超过了其他两个沿海经济圈以及全国的平均水平。而南海经济圈虽然海水养殖总产值低，但是其海水养殖污染总量也最低。

表 4-2 中国海水养殖业的投入产出指标描述性统计

（2005—2015 年）

变量名称	表示符号	平均值	标准差	最大值	最小值
全国					
海水养殖面积（公顷）	*Area*	217 148.86	220 178.68	942 050	9 120
海水养殖劳动力（人）	*Labor*	94 002.98	61 837.39	225 001	13 869
海水养殖渔船（千瓦）	*Boat*	103 294.53	88 643.15	266 618	400
海水养殖总产值（万元）	*Y*	1 478 561.57	1 214 623.11	5 843 659.12	193 371
海水养殖污染（万元）	*Pollution*	143.85	280.04	1 825.57	0.55

（续）

变量名称	表示符号	平均值	标准差	最大值	最小值
环渤海经济圈					
海水养殖面积（公顷）	*Area*	423 245.48	270 722.8	942 050	90 404
海水养殖劳动力（人）	*Labor*	96 952.12	57 888.32	169 695	13 869
海水养殖渔船（千瓦）	*Boat*	172 539.36	73 628.2	266 618	22 668
海水养殖总产值（万元）	*Y*	2 676 100.54	2 339 575.99	8 613 000.8	193 371
海水养殖污染（万元）	*Pollution*	262.86	314.29	1 315.4	0.85
东海经济圈					
海水养殖面积（公顷）	*Area*	138 658.09	40 360.43	201 073	56 750
海水养殖劳动力（人）	*Labor*	105 890.03	77 804.57	225 001	31 010
海水养殖渔船（千瓦）	*Boat*	112 612.97	80 960.87	241 132	24 878
海水养殖总产值（万元）	*Y*	1 452 064.48	921 141.78	3 826 379.81	601 701
海水养殖污染（万元）	*Pollution*	157.65	343.35	1 825.57	4.87
南海经济圈					
海水养殖面积（公顷）	*Area*	91 070.28	81 224.66	234 635	9 120
海水养殖劳动力（人）	*Labor*	76 163.28	43 866.74	130 449	30 519
海水养殖渔船（千瓦）	*Boat*	24 731.24	26 245.89	78 496	400
海水养殖总产值（万元）	*Y*	970 771.52	741 219.88	2 824 744.02	265 395
海水养殖污染（万元）	*Pollution*	11.77	13.64	51.04	0.55

为了进一步纵向比较2005—2015年我国海水养殖总产值变化情况，表4-3所示，本书选定了2005年、2008年、2011年、2014年及2015年五个时间节点分别对三大沿海经济圈以及全国的情况进行了描述。从纵向来看，三大经济圈及全国的海水养殖总产值除了个别年份区间有所下降外，总体上呈现出不断递增的情况，这说明海水养殖业在我国渔业经济乃至国民经济中的地位不断上升，在今后的经济发展中要积极推动和促进海水养殖业健康发展。

表 4-3　中国海水养殖总产值变化情况（2005—2015 年）

单位：万元

区域	2005 年	2008 年	2011 年	2014 年	2015 年
环渤海经济圈	3 810 069	4 580 107.11	4 641 520.97	8 974 410.84	9 144 857.87
东海经济圈	3 423 895	3 591 400.5	3 234 375.93	5 970 990.5	6 312 480.35
南海经济圈	2 138 564	2 248 742.74	2 127 237.26	4 111 524.71	4 408 958.98
全国	9 372 528	10 420 250.4	10 003 134.16	19 056 926.05	19 866 297.2

4.3　海水养殖环境技术效率结果分析

利用前文所述的测算方法对中国沿海 9 个省份 2005—2015 年的海水养殖业环境技术效率进行计算，同时也测算了不包含环境污染的传统技术效率，对这两个技术效率值进行比较分析。

4.3.1　总体特征

如图 4-2 所示，图中反映了 2005—2015 年我国沿海主要省份在考虑和不考虑环境因素的情况下海水养殖业技术效率变化情况。

图 4-2　2005—2015 年我国主要沿海省份海水养殖技术效率

（1）从技术效率均值来看。

在不考虑海水养殖污染问题的情况下，2005—2015 年全国沿海主要省份海水养殖技术效率均值为 0.857。考虑了海水养殖造成的环境污染问题之后，我国沿海主要海水养殖业环境技术效率均值下降为 0.835。两者之间的差别说明养殖污染对海水养殖产业的发展造成了一定的效率损失，忽视环境因素而进行的海水养殖业技术效率评价是不准确的。

（2）从时间动态变化来看。

考虑环境因素的影响，2005—2010 年我国沿海主要省份海水养殖业环境技术效率基本上呈现波动中下降的趋势。尤其是在 2010 年下降到 0.761 的低点，之后 2011—2015 年又在波动中不断上升。这主要是我国政府越来越重视经济发展和生态环境协调发展问题，明确了科学发展减少污染的循环经济、绿色产业的发展方向；国家层面以及地方政府积极致力于转方式、调结构的发展思路，带动了全国范围内的环境保护。

4.3.2 区域分析

为了进一步了解和比较环境污染对我国海水养殖业环境技术效率影响的地区差异，根据测算结果，2005—2015 年考虑与不考虑环境约束条件下我国环渤海经济圈、东海经济圈和南海经济圈的海水养殖业技术效率变化趋势如图 4－3、图 4－4 和图 4－5 所示。

（1）考虑或者不考虑环境约束对我国不同区域海水养殖业的技术效率影响不同。

如图 4－3 所示，不考虑环境约束问题，我国环渤海经济圈、东海经济圈以及南海经济圈的海水养殖业技术效率分别为 0.820、0.754 和 0.909，但是考虑环境因素，我国这三大区域的海水养殖业技术效率分别为 0.787、0.784 和 0.933。而这个结果与我们前面有关我国沿海 9 个主要省份的海水养殖业技术效率均值的结果有所区别，其中环渤海区域与之前总体均值结果类似，都是考虑了环境因素之后的技术效率要略低于不考虑环境因素的技术效率。但是考虑了环境约束的东海经济圈、南海经济圈的海水养殖业技术效率均值却比不考虑环境约束情况下的技术效率均值要更高。这可能的原因在于：对于东海经济圈而言，随着经济水平的提高，有关海水养殖产业的发展不断实现优化升级，而且东海经济圈的环保理念和环保设施都相对比较好，从而使得东海经济圈海水养殖业技术效率受环境污染的影响较小。南海经济圈由于海水养殖经济的体量总体较小，而所受环境污染也较小，随着近年来可持续渔业经济的有效规划发展，确实使我国南海经济圈的海水养殖环境有所优化，从而在考虑了环境污染问题之后，我国南海经济圈的技术效率水平还是比较高的。

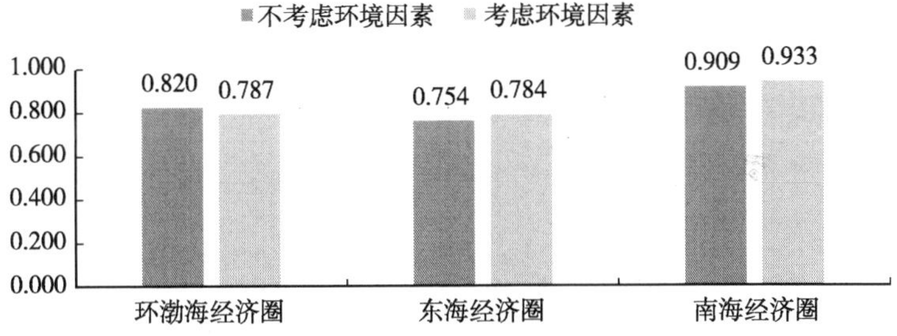

图 4－3　2005—2015 年分区域海水养殖业技术效率均值

(2) 不同区域的海水养殖业环境技术效率存在着显著差异。

如图 4－4 和图 4－5 所示，南海经济圈海水养殖业的环境技术效率要明显高于环渤海经济圈和东海经济圈。这说明在南海经济圈在养殖的污染排放量方面要低于环渤海经济圈和东海经济圈，但是这可能也是因为南海经济圈（除广东外）的海水养殖产出总量不高。再看环渤海经济圈和东海经济圈的环境技术效率，发现二者之间相差不大，考虑到二者的经济结构特征和技术发展水平，笔者认为我国环渤海经济圈和东海经济圈海水养殖业的技术效率具有较大的提升空间。通过技术调整和结构优化，在既有的投入水平上，我国环渤海经济圈的海水养殖总产量可以在现有基础上再提高 21.3%，同时养殖污染排放可以在现有基础上减少 21.3%；我国东海经济圈的海水养殖总产量可以在现有基础上再提高 21.6%，同时养殖污染排放可以在现有基础上减少 21.6%。

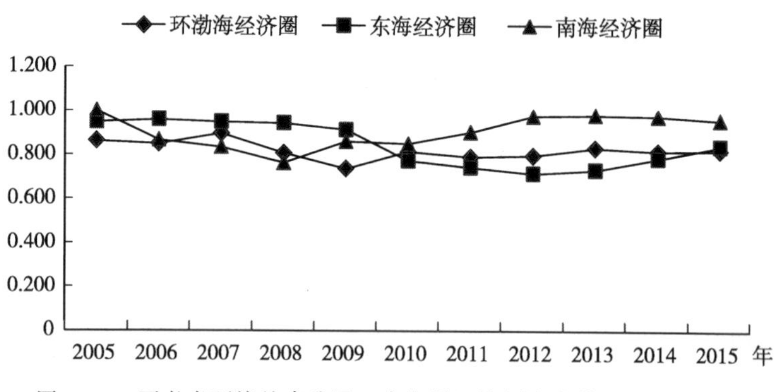

图 4-4　不考虑环境约束我国三大海洋经济圈海水养殖业技术效率

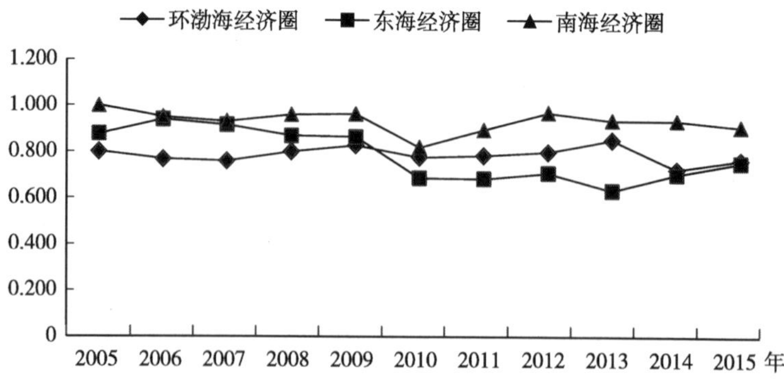

图 4-5　考虑环境约束的我国三大海洋经济圈海水养殖业环境技术效率

4.3.3 省际分析

为了具体了解沿海9个省份的海水养殖业技术效率变化特征，本部分将对2005—2015年这9个省份的效率值变化以及具体的排名变动进行分析。表4-4、表4-5分别给出了考虑（不考虑）环境约束条件下省际海水养殖业技术效率的分布情况和排名变化。

(1) 不考虑环境约束的条件下。

如表4-4所示，2005—2015年河北、山东、江苏、福建、广东和海南等省份的养殖技术效率值都超过总体平均值0.857，说明这些省份海水养殖技术效率相对较高，而辽宁、浙江和广西这3个省份的技术效率值则处于平均值以下，说明这3个省份的技术效率值相对较低。考虑环境因素，以总体平均值0.835为界，海水养殖环境技术效率处于平均值以上的有河北、山东、江苏、福建、广东、广西和海南，而浙江、辽宁两省海水养殖的环境技术效率则处于平均值以下。

表4-4 2005—2015年沿海主要省份海水养殖业技术效率平均值

省份	不考虑环境因素		考虑环境因素		效率值变化	排名变动
	平均值	排名	平均值	排名		
河北	0.951	3	0.983	1	0.032	2
辽宁	0.565	9	0.477	9	−0.088	0
山东	0.944	4	0.901	6	−0.043	−2
江苏	0.860	6	0.850	7	−0.010	−1
浙江	0.722	8	0.600	8	−0.122	0
福建	0.954	2	0.904	5	−0.050	−3
广东	0.936	5	0.910	3	−0.026	2
广西	0.825	7	0.909	4	0.084	3
海南	0.958	1	0.980	2	0.022	−1
均值	0.857		0.835			

（2）比较考虑和不考虑环境约束条件下的海水养殖技术效率排名分布。

如表4-4所示，从不考虑环境约束到环境约束条件下的海水养殖技术效率排名，山东、江苏、福建和海南的排名都发生了下降，其中福建下降了3个位次；河北、广东和广西的排名都上升了，其中广西上升了3个位次；而辽宁和浙江排名保持不变，都处于最末两位。

（3）将省际效率均值进行分区。

参考涂正革（2008）根据环境技术效率的高低以判定环境与工业发展的协调程度的划分方法，本书也将海水养殖的环境技术效率划分为五个区间，其中效率区间（0.9，1.0］表示环境与产业高度协调发展地区，即资源投入少，产出多并且污染排放少的地区；区间（0.8，0.9］表示环境与产业较协调发展地区；区间（0.7，0.8］表示环境与产业发展较不协调地区；区间（0.6，0.7］表示环境与产业不协调发展地区；区间（0.0，0.6］表示环境与产业发展极不协调地区[135]。

根据2005—2015年9个沿海省份海水养殖环境技术效率的平均值（如表4-5所示），笔者发现：河北、山东、福建、广东、广西和海南6个省属于环境与产业高度协调发展地区；江苏属于环境与产业较协调发展地区；辽宁和浙江属于环境与产业极不协调发展地区。

（4）海水养殖与环境协调发展的动态变化。

本书采用2005—2010年和2011—2015年的环境技术效率均值进行比较。如表4-5所示，2005—2010年的海水养殖环境技术效率均值为0.861，2011—2015年的海水养殖环境技术效率均值为0.803，效率均值略有降低，环境与产业协调性有所下降。环境与产业发展的协调性变化的地区分布归纳如下。

保持环境与产业协调发展的省份：河北、海南。

环境与产业发展依然不协调的省份：辽宁。

环境与产业发展从协调向不协调方向转化的省份：江苏。

环境与产业发展协调性恶化的省份：浙江。

总体来看，从2005—2011年这一阶段到2011—2015年阶段的各沿海省份海水养殖技术效率都有所下降。

表4-5 考虑环境约束的我国沿海主要省份省际海水养殖业技术效率分布

效率区间	2005—2010年	2011—2015年	2005—2015年
(0.9，1.0]	河北、山东、江苏 福建、广东、海南	河北、广西、海南	河北、山东、福建 广东、广西、海南
(0.8，0.9]	广西	山东、福建、广东	江苏
(0.7，0.8]		江苏	
(0.6，0.7]	浙江		
(0.0，0.6]	辽宁	辽宁、浙江	辽宁、浙江

4.4 海水养殖业环境全要素生产率的测算结果分析

4.4.1 总体特征

本部分测算了我国沿海9个主要海水养殖省市2005—2015年海水养殖业全要素生产率及其分解情况，其中所得的考虑环境约束的全要素生产率指数结果是基于固定窗口参比计算得到的，以下统一用FWML表示该指数，考虑环境约束的技术效率指数和技术进步指数用MLEFFCH及MLTECHCH表示，而不考虑环境约束的海水养殖全要素生产率、技术效率和技术进步指数则分别表示为M、MEFFCH及MTECHCH，具体测算结果如表4-6所示。

(1) 全要素生产率总体变化。

如表 4-6 所示，2005—2015 年我国沿海 9 个主要省市海水养殖的全要素生产率（FWML 指数）平均增长率为 3%；不考虑环境因素的情况下，我国沿海 9 个主要省市的海水养殖业全要素生产率（M 指数）的年平均增长率为 5.9%，可见基于窗口参比的 ML 指数要低于传统的 M 指数。根据 Fare 等（2001）的研究进行判断，我国海水养殖产业的全要素生产率 ML 指数低于 M 指数，其含义是养殖中的期望产出的增长率比以环境污染为代表的非期望产出的减少率要高[117,136]。考虑环境约束的海水养殖业全要素生产率的显著下降说明了我国当前海水养殖产业生产中普遍存在破坏海洋生态环境以及无规划开发海洋资源的粗放型增长。

表 4-6 （不）考虑环境约束的海水养殖业全要素生产率及其分解

年份	考虑环境约束			不考虑环境约束		
	FWML 指数	MLEFFCH 指数	MLTECHCH 指数	M 指数	MEFFCH 指数	MTECHCH 指数
2005—2006	0.992	1.003	0.989	0.921	0.924	0.997
2006—2007	0.945	0.897	1.054	1.056	1.043	1.012
2007—2008	1.153	1.069	1.079	0.946	0.923	1.025
2008—2009	1.095	1.065	1.028	1.087	1.033	1.053
2009—2010	0.986	0.957	1.030	1.158	1.060	1.092
2010—2011	0.959	0.964	0.995	1.091	0.943	1.158
2011—2012	1.144	1.078	1.062	1.081	1.020	1.061
2012—2013	1.084	0.997	1.087	1.135	1.019	1.114
2013—2014	0.953	0.995	0.958	1.095	1.004	1.091
2014—2015	1.014	0.976	1.039	1.048	0.996	1.052
总体平均	1.030	0.998	1.031	1.059	0.995	1.064

(2) 全要素生产率的分解情况。

图 4-6 和图 4-7 展示了考虑和不考虑环境约束条件下全要素生产率的分解情况变化趋势图，考虑环境因素的情况下，2005—2015 年我国沿海 9 个主要省市的海水养殖业技术进步表现出正向变化，年均增长率为 3.1%，但是海水养殖技术效率表现负效应，年均增长率为−0.02%。考虑环境约束的情况下，海水养殖技术进步表现出正向增长，年均增长率为 6.4%，而海水养殖技术效率表现出了负增长，年均增长率为−0.5%。从总体来看，不论考虑或者不考虑环境约束问题，海水养殖业发展中的技术效率都出现了恶化的状况。而技术进步指数均值则都表现为正效应，说明不论考虑环境约束与否，我国海水养殖产业的技术进步是提高全要素生产率的重要贡献因素。

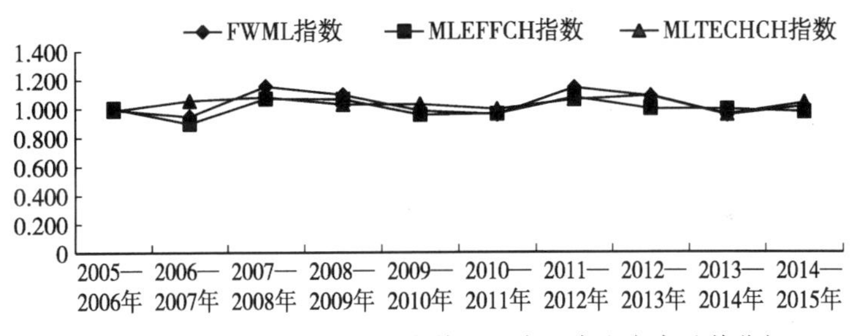

图 4-6　考虑环境约束的海水养殖业全要素生产率及其分解

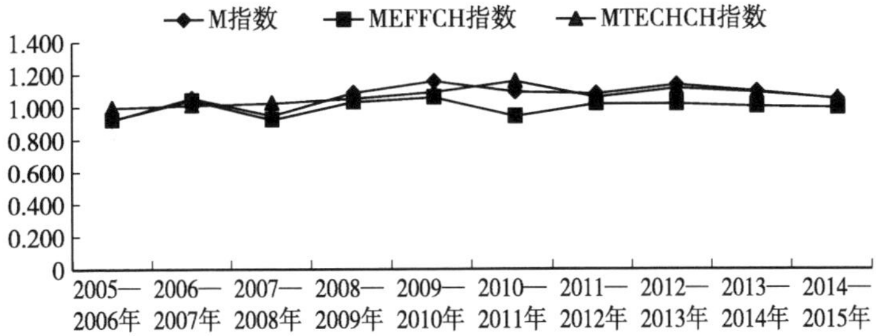

图 4-7　不考虑环境约束的海水养殖业全要素生产率及其分解

4.4.2 区域差异

表4-7以及图4-8、图4-9分别展示了考虑和不考虑环境约束条件下我国沿海三大区域的海水养殖业全要素生产率及其分解情况的测算结果。

(1) 从全要素生产率的总体来看。

2005—2015年不考虑环境污染问题，我国沿海三大主要经济圈的海水养殖业全要素生产率年均增长率分别为5.7%、5.5%和6.6%；而在考虑了海水养殖的污染问题之后，我国沿海三大区域在海水养殖业全要素生产率年均增长率分别为4%、3.9%和1%。可见考虑了环境因素之后，我国沿海三大经济圈海水养殖业全要素生产率都出现了下降的趋势。

表4-7 2005—2015年分区域（不）考虑环境约束的海水养殖业全要素生产率

年份	考虑环境因素（FWML指数）			不考虑环境因素（M指数）		
	环渤海经济圈	东海经济圈	南海经济圈	环渤海经济圈	东海经济圈	南海经济圈
2005—2006	0.950	1.131	0.907	0.983	1.004	0.792
2006—2007	0.961	0.885	0.993	1.049	0.992	1.131
2007—2008	1.134	0.973	1.388	0.843	0.971	1.036
2008—2009	1.168	1.151	0.975	1.150	1.064	1.050
2009—2010	1.037	1.078	0.857	1.139	1.052	1.295
2010—2011	0.876	1.000	1.006	1.136	1.041	1.099
2011—2012	1.272	1.066	1.106	1.063	1.101	1.080
2012—2013	1.025	1.096	1.135	1.129	1.236	1.049
2013—2014	1.030	1.018	0.827	1.090	1.048	1.149
2014—2015	1.009	1.023	1.010	1.031	1.063	1.049
区域平均	1.040	1.039	1.010	1.057	1.055	1.066

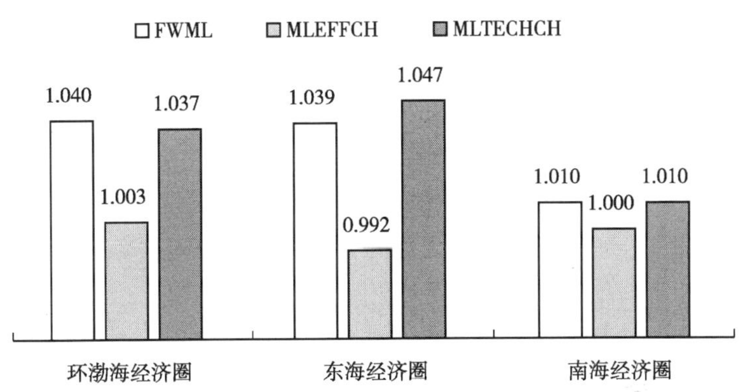

图 4-8　考虑环境约束的沿海分区域海水养殖业全要素生产率及其分解

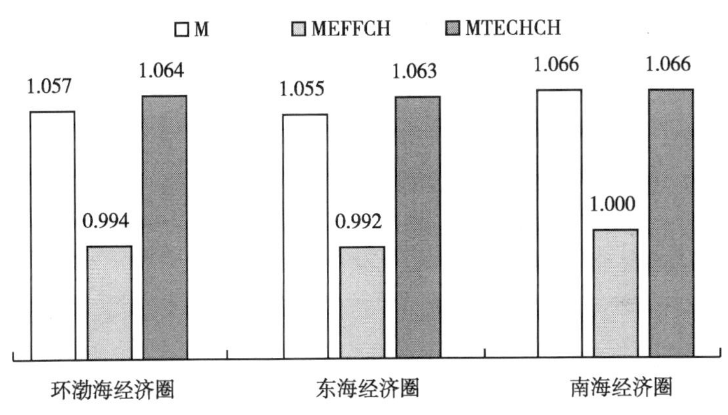

图 4-9　不考虑环境约束的沿海分区域海水养殖业全要素生产率及其分解

(2) 从全要素生产率的构成部分分析。

不考虑环境约束时，环渤海经济圈、东海经济圈以及南海经济圈的技术效率出现了恶化或者保持不变，而技术进步指数则都对全要素生产率的影响表现为正效应。在考虑环境约束的情况下，东海经济圈的技术效率下降，环渤海经济圈的技术效率表现为正向促进全要素生产率的作用，南海经济圈则表现为技术效率不变。而在技术进步方面，三个经济圈都表现为正向促进作用。

4.4.3 省际差异

进一步分析 2005—2015 年我国沿海主要省份海水养殖业全要素生产率和各省在此区间该指数的排名变动，结果如表 4-8和表 4-9 所示。

(1) 全要素生产率均值及排名。

如表 4-8 所示，2005—2015 年在考虑环境约束的情况下，有五个省份的全要素生产率超过了全国平均值，这五个省份分别是辽宁（1.060）、浙江（1.058）、山东（1.035）、江苏（1.033）以及广东（1.029）；在不考虑环境因素的情况下，有六个省份的全要素生产率超过全国平均值（1.059），其中全要素生产率值排在前五名的分别是广西（1.091）、山东（1.090）、江苏（1.069）、福建（1.065）和广东（1.060）。

表 4-8 2005—2015 年我国沿海主要省份海水养殖业全要素生产率及排名

省份	考虑环境因素		不考虑环境因素		排名变动
	FWML 指数	排名	M 指数	排名	
河北	1.027	7	1.025	9	2
辽宁	1.060	1	1.059	6	5
山东	1.035	3	1.090	2	−1
江苏	1.033	4	1.069	3	−1
浙江	1.058	2	1.031	8	6
福建	1.027	6	1.065	4	−2
广东	1.029	5	1.060	5	0
广西	1.000	8	1.091	1	−7
海南	1.000	9	1.047	7	−2

比较这两种情况下的指数均值排名及其变动，发现排名上升的分别是河北、辽宁和浙江，其中上升幅度较大的是浙江，上升了 6 个位次。排名下降的有 5 个省份，分别是山东、江苏、福建、广西和海南，其中广西下降幅度较大，变化了 7 个位次。这说明在 2005—2015 年，排名上升的河北、辽宁和浙江等省份的海水养殖产值增长水平超过海水养殖生产中环境污染总量的减少水平，而排名下降的省份（山东、江苏、福建、广西和海南）的海水养殖产值的增长要低于因此产生的污染的减少幅度。

(2) 全要素生产率分段均值及排名。

为了进一步考察沿海主要省份海水养殖业全要素生产率在不同时间段的差别，考虑到 2010 年正好是我国“十一五”规划和“十二五”规划时间分界点（表 4-9），分别对 2005—2010 年和 2010—2015 年海水养殖业全要素生产率及其排名进行分析。

不考虑环境约束问题，2005—2010 年我国沿海主要省份的海水养殖业全要素生产率排名是广西、山东、广东、福建、辽宁、福建、浙江、江苏和河北；2010—2015 年我国沿海主要省份的海水养殖业全要素生产率排名是江苏、山东、广西、福建、海南、辽宁、广东、河北和浙江。比较两个时间段的全要素生产率排名可以发现，排名下降的有河北、广西、浙江和广东，其中广东省下降幅度最大，达到 4 个位次，说明这些省份期望产出增长的幅度不及非期望产出的下降幅度；江苏省则上升了 7 个位次。

考虑到环境因素的影响，2005—2010 年我国沿海主要省份的海水养殖业全要素生产率排名是辽宁、浙江、广东、河北、山东、福建、江苏、广西和海南；2010—2015 年我国沿海主要省份的海水养殖业全要素生产率排名是江苏、山东、福建、辽宁、广东、浙江、河北、广西和海南。比较两个时间段的全要素生产率可以发现，排名下降的有河北、辽宁、浙江和广东，其中浙江省下降幅度最大，达到4个位次，说明这些省份期望产出增长的幅度不及非期望产出的下降幅度；而江苏和福建排名上升，分别为6个和3个位次，说明这两个省份在后一阶段中，期望产出的增长幅度超过了非期望产出的下降幅度，海水养殖产业发展和环境的协调度明显改善。

表4-9 我国沿海主要省份海水养殖业全要素生产率分段均值及排名

年份	省份	考虑环境因素		不考虑环境因素		排名变动
		FWML指数	排名	M指数	排名	
2005—2010	河北	1.026	4	0.983	9	5
	辽宁	1.088	1	1.042	5	4
	山东	1.026	5	1.055	2	−3
	江苏	1.011	7	0.995	8	1
	浙江	1.087	2	1.010	6	4
	福建	1.020	6	1.043	4	−2
	广东	1.027	3	1.048	3	0
	广西	1.000	8	1.088	1	−7
	海南	1.000	9	1.008	7	−2
2010—2015	河北	1.028	7	1.068	8	1
	辽宁	1.033	4	1.076	6	2
	山东	1.044	2	1.125	2	0
	江苏	1.055	1	1.148	1	0
	浙江	1.030	6	1.053	9	3
	福建	1.034	3	1.088	4	1
	广东	1.032	5	1.073	7	2
	广西	1.000	8	1.095	3	−5
	海南	1.000	9	1.087	5	−4

总体来看，2005—2010 年以及 2010—2015 年两个阶段我国主要海水养殖省份全要素生产率和环境全要素生产率的排名顺序变化都比较大，显示出这一时期海水养殖主要省份的投入产出以及产业布局发生了显著的变化。另外，这两个阶段虽然不考虑环境约束的全要素生产率均值是增长的，但是考虑环境约束的环境全要素生产率均值却是降低的，说明近年来我国主要海水养殖省份海水养殖产业发展与环境之间的确存在着不协调的现象。

4.5 本章小结

本章分别从静态和动态角度对我国海水养殖业技术效率和全要素生产率进行了较为全面的分析，考虑环境约束条件，应用 SBM 方向性距离函数测算了我国海水养殖业环境技术效率，并且考虑非期望产出的 Malmquist-Luenberger 生产率指数结合窗口参比的计算方法，估计了我国海水养殖业环境全要素生产率及其分解成分。根据以上分析，本章得到的主要结论如下。

(1) 考虑或者不考虑环境因素对我国海水养殖业生产效率的测算结果有显著影响。

传统的没有考虑环境约束的效率计算是片面而不准确的。根据本书的测算结果，不考虑环境约束会高估海水养殖业技术效率。在不考虑海水养殖污染问题的情况下，2005—2015 年全国沿海主要省份海水养殖技术效率均值为 0.857。考虑了海水养殖造成的环境污染问题之后，我国沿海主要海水养殖业环境技术效率均值下降为 0.835。同样的，考虑环境约束后的海水养殖业全要素生产率明显要低于不考虑环境约束下所测得的传统全要素生产率。2005—2015 年我国沿海 9 个主要省市海水养殖的全要素生产率（ML 指数）平均增长率为 3%；不考虑环境因素的情况下，我国沿海 9 个主要省市的海水养殖业全要素生产率（M 指数）的年平均增长率则为 5.9%。忽视了海水养殖产生的环境污染问题，往往会夸大海水养殖业实际发展水平，从而不利于国家以及各级政府制定海水养殖发展政策，最终会导致养殖环境的进一步恶化等问题。

（2）从总体特征角度分析，我国海水养殖业发展虽然对海洋环境产生了一定的影响，但是还没有进入不可逆的状态。

考虑海水养殖造成的环境污染问题，我国沿海主要海水养殖业环境技术效率均值为 0.835，可以认为养殖污染造成的效率损失还不是很大，这可能是由于近年来我国海水养殖越重视经济发展和生态环境协调发展问题，在调结构转方式的发展实践中取得的成效；但是既已造成的效率损失，也意味着我国海水养殖调整养殖结构、创新发展模式实现进一步质量提升的潜力和空间，这也对我国海水养殖业的生态化发展提出了要求。

（3）从总体特征角度分析，不论是考虑环境约束或者不考虑环境约束，我国沿海主要省市海水养殖产业的技术进步是提高全要素生产率的重要贡献因素。

通过分解全要素生产率，可知考虑或不考虑环境因素的情况下，2005—2015 年我国沿海 9 个主要省市的海水养殖业技术进步表现出正向变化，年均增长率分别为 3.1%和 6.4%。这说明技术进步是海水养殖业健康快速发展的重要支撑，为了全面促进海水养殖产业的发展，国家要制定相应的政策，进一步加大高科技的研发、推广以及技术人员的培训工作，以高新技术装备海水养殖产业，实现海水养殖集约化、规模化、生态化发展。

（4）从区域差异的角度分析。

环渤海经济圈和东海经济圈海水养殖业的环境技术效率要

明显低于南海经济圈，但是环渤海经济圈和东海经济圈海水养殖业的环境全要素生产率年均增长率要明显高于南海经济圈。2005—2015年我国这三大区域的海水养殖业环境技术效率分别为0.787、0.784和0.933，海水养殖业环境全要素生产率年均增长率分别为4%、3.9%和1%。这说明我国环渤海经济圈和东海经济圈的海水养殖业发展水平和技术特征相仿，海水养殖产业的发展不断实现优化升级，养殖产业发展和养殖环境的关系逐步趋于良性发展；相较于环境全要素生产率年均增长水平，南海经济圈环境技术效率水平较高，但这可能是海水养殖产业“低水平均衡”的假象，南海经济圈的海水养殖业还有巨大的发展潜力等待挖掘。

（5）从省际差异的角度分析。

从静态角度分析各省市环境技术效率及其分类，发现河北、山东、福建、广东、广西和海南6个省属于环境与产业高度协调发展地区；江苏属于环境与产业较协调发展地区；辽宁和浙江属于环境与产业极不协调发展地区。然而考虑了技术进步的贡献，各省市的环境全要素生产率结果又有很大区别，2005—2015年河北、辽宁和浙江等省份的海水养殖产值增长幅度要高于海水养殖的环境污染的减少幅度，而山东、江苏、福建、广西和海南等省份的海水养殖产值的增长要低于因此产生的污染的减少幅度。

（6）分阶段分析。

2005—2010年以及2010—2015年两个阶段我国主要海水养殖省份全要素生产率和环境全要素生产率的排名顺序变化都比较大，显示出这一时期海水养殖主要省份的投入产出以及产业布局发生了显著的变化。另外，这两个阶段环境全要素生产率均值是降低的，说明近年来我国主要海水养殖省份海水养殖产业发展与环境之间的确存在着不协调的现象。

综合以上测算结果和比较分析，可以发现我国海水养殖业发展受到环境约束而产生了一定的效率损失，依靠大量的资源投入和对生态环境破坏的海水养殖产业是不可持续的，发展生态养殖是我国水产养殖的必然选择。当前水产养殖经济发展的大好形势下，既要依靠技术进步，也要不断提高技术效率。在提高水产养殖产出的同时，要优化资源投入结构，减少养殖对环境的污染，促进海水养殖环境效率的总体提升，实现海水养殖业绿色化、生态化发展。未来相当长的一段时间仍然是推进现代水产养殖绿色生态发展的关键时期，科学规划生态养殖区域，不断优化生态养殖模式，提高海水养殖的环境效率，是实现我国水产养殖转型升级的重要方向。

5 海水养殖业环境全要素生产率影响因素的实证分析

根据环境约束下海水养殖生产率测算的原理可知，海水养殖业绿色生产率的提升依赖于投入冗余减少、期望产出的生产前沿面推进和非期望产出的生产前沿面收紧三个方面因素共同作用。考虑环境约束的海水养殖业生产率是衡量海水养殖生态化发展的基本指标也是重要指标，任何有利于提高海水养殖产出、减少养殖污染以及降低投入和资源消耗的因素都是提高海水养殖业绿色生产率的原因，也是推进海水养殖产业化发展的原因。结合上文中海水养殖产业环境效率的测算可知，影响海水养殖生态化发展的因素范围要远远超过影响海水养殖绿色生产率的因素范围，本章将从实证角度关注具体的可计量的因素，考察海水养殖绿色生产率的影响因素。根据研究目的，本章主要考察影响海水养殖生态化发展的因素，明确这些影响因素与海水养殖业生产率的关系，可以帮助我们更好地把握海水养殖业生产发展规律，并以提高绿色生产率为直接目标制定相应的措施，以促进海水养殖生态化发展。

5.1 研究假设

学者们主要从经济发展水平、对外开放、科技活动、结构因素、制度因素以及环境治理等角度研究影响环境效率的各种因素。结合前两章的分析内容以及数据的可得性，本章选择以下因素作为计量模型的解释变量：渔民收入水平、产业结构、财政支持政策、产业专业化程度、对外开放度、工业化程度、养殖科技服务以及环境资源治理政策等。

（1）渔民收入水平。

渔民收入水平是地方经济发展水平的重要衡量指标，也会对环境质量问题产生影响。当渔民收入水平较高的时候，人们的消费结构升级，更加关注产品质量问题，这有助于刺激生产者改进生产，提供生态化高质量的产品。收入水平较高的情况下，生产者在生产中可以增加投入改进技术、转变管理方式、减少环境污染，生产绿色优质产品；如果收入水平较低，则生产者追求实际产出，对环境问题关注较少，也不愿意在减少污染问题上有所投入，甚至有可能为了增加收益而采用破坏环境的生产方式。因此，本书认为居民收入水平与海水养殖业绿色生产率可能存在U形关系。

（2）产业结构调整。

产业结构的发展变迁对产业生产率会产生影响。随着产业结构实现转型升级，要素投入流向那些生产率更高的产业部门，从而带来经济增长。不同的产业结构安排也意味着不同的资源利用效率和污染排放强度，从而对环境产生不同的影响。海水养殖产品结构中，鱼类和甲壳类产品的营养价值高、市场附加值也高，有助于提高生产率，但是属于资源消耗型和污染密集型的养殖品种，如果这两者的相对比重较大则会造成对饲料等的消耗量较大，并且污染排放量较大，从而降低海水养殖业绿色生产率。海水养殖结构调整对海水养殖业绿色生产率的影响方向有待进一步验证。

（3）财政支持政策。

潘丹（2012）认为财政支农政策对于一国的农业发展至关重要，政府资金支持是生产率提升的有效保障。来自各级政府的财政支持有助于改善海水养殖的基础设施条件、可以提供更多的养殖技术服务、可以改善养殖污染问题等，所以加大对海水养殖的财政支持能够促进该产业的发展[125]，但是财政支农支渔政策的具体实施、支持方向不同，则会对其政策效果产生影响。李焕彰、钱忠好（2004）的研究结果表明我国财政支农结构存在偏差，影响其政策效果，对农业公共品的支持不足限制了农业可持续发展[136]。可见政府财政支农政策对海水养殖的环境全要素生产率的影响方向不确定。

(4) 产业集聚。

海水养殖产业集聚意味着产业规模的扩张，形成规模经济效应，能有效促进海水养殖经济增长；海水养殖产业受环境资源约束，产业规模扩张的同时也意味着养殖污染排放量的增加，这会对环境造成巨大的负荷，也增加了环境治理的成本。由于在一定区域内产业高度集中，有助于产业结构互补、技术扩散和知识共享，从而产生极大的溢出效应，提高了利用资源的效率并减少污染的排放。因此，产业集聚对海水养殖绿色生产率的影响效应需要进一步验证。

(5) 对外贸易。

国家或地区的对外贸易程度可以反映经济体的开放程度，一个经济体对外贸易发达，往往有利于其经济增长。水产行业对外贸易发达意味着该产业具有较大的发展规模和经济效益，同时也会对该产业赖以发展的环境资源产生过度负担。但是，对外开放程度高也有利于技术的扩散，提高资源配置效率；同时由于对外贸易意味着相对更严格的产品标准，也对出口地区的生产者提出了更高的环境要求，促使出口国加强对水产品生产的环境规制，从而提高区域的环境质量。因此，对外贸易对海水养殖业的绿色生产率的影响方向需要进一步验证。

(6) 工业化程度。

工业化发展程度对海水养殖产业绿色生产率的影响是双向的。工业化发展往往意味着更多的产出、更先进的技术以及更完善的基础设施建设，有助于水产养殖的发展；然而，工业化的发展可能会导致大量的劳动力从农业领域转到工业部门，一方面造成农业减产，另一方面促进石油农业的发展，比如在海水养殖中过度地使用鱼药等。因此工业化发展水平对海水养殖绿色生产率的影响不确定。

(7) 养殖技术服务。

技术进步是提升海水养殖业绿色生产率的重要因素，提高养殖技术服务水平，有助于加快技术进步速度，有助于养殖技术推广和渗透。要实现海水养殖的高效化，必须依靠现代的渔船、渔具、养殖技术；利用先进技术和手段的，可以有效地对渔业资源加以综合利用，提高资源的利用效率。另外，科技进步可以渗透到各个要素上，而且越来越多地深入到各个环节上。渔业产业发展中广泛应用计算机、自动化、环保技术等新技术、新工艺，科技的发展对渔业经济发展的助力作用越来越大。

在生产环节上，依靠科学技术可以实现海水养殖的专业化、规模化；在服务环节上可以依靠科学的海水养殖的产前、产中、产后的管理工作提供高质量的服务。因此，为了进一步提高海水养殖的效率，需要加强和提高先进技术应用的有效性，提高养殖技术服务水平和质量。预计养殖技术服务对海水养殖绿色生产率的影响是正向的。

(8) 政府环境资源管理政策。

海水养殖造成的污染问题具有外部性特点，政府有必要对海水养殖实行适当的规制政策。政府实行的环境资源规制政策反映政府对环境问题的治理力度和管制方向。实行环境规制，则监管部门会产生管理成本，也会迫使生产者增加对污染治理的投入，从而也产生了相应的治理成本，甚至迫使不合格企业退出生产，减少经济产出总量。但是，有效的环境规制会刺激生产企业调整生产结构，改进生产工艺，采用环境友好型技术以减少污染排放，提高产品质量和生产效率。因此，政府环境资源管理政策对海水养殖业绿色生产率的影响方向需要进一步验证。

5.2 变量选择和数据来源

海水养殖业环境技术效率和环境全要素生产率都可以作为海水养殖业生态化发展程度的评价指标；基于研究目标以及全要素生产率概念在衡量经济发展模式转变中应用的广泛性，本书选择海水养殖业环境全要素生产率作为该产业生态化发展程度的衡量指标。构建影响海水养殖业环境全要素生产率的模型分析，也是对海水养殖生态化发展的影响因素具体化、指标化的实证过程。此外，根据可计量原则，分别对研究假设中所列的影响因素变量进行数据收集，结果如下（表 5-1）。

表 5-1 海水养殖业环境全要素生产率影响因素衡量指标体系

变量名称	变量符号	衡量指标	预期效应
渔民收入水平	*Income*	不变价的渔民人均收入的对数	U 形
海水养殖结构	*Maristr*	鱼类与甲壳类养殖面积之和占海水养殖总面积的比重	未知
财政支持政策	*Finance*	农林水事务财政支出总额占财政支出总额的比重	未知
产业集聚水平	*Agglome*	区位熵指数	未知
对外贸易	*Trade*	水产品进出口总额与地区生产总值的比值	未知

（续）

变量名称	变量符号	衡量指标	预期效应
养殖技术服务	*Techser*	渔业技术推广中高级、中级和初级职称技术人员数量总和与海水养殖总面积的比重	正向
工业化程度	*Industri*	工业总产值占地区生产总值的比重	未知
环境资源管理政策	*Envreg*	各地区环境污染治理项目投资额与当年地区生产总值的比值	未知

（1）渔民收入水平。

本书采用各沿海省份不变价的渔民人均收入来反映渔民收入水平的变化，通过消费者价格指数换算成以 2005 年为基期的定基比指数。为了消除数据的非平稳趋势，本书取渔民人均收入对数，为了进一步考察海水养殖业绿色生产率和渔民人均收入之间是否存在 U 形的二次关系，本书将渔民人均收入平方项也放入模型方程。相关数据主要来源于《中国统计年鉴》和《中国渔业统计年鉴》。

（2）海水养殖结构。

本书结合海水养殖业的特征选取相应指标反映我国海水养殖业的产业结构调整问题，采用鱼类和甲壳类养殖面积之和占海水养殖总面积比重表示养殖结构，考虑鱼类和甲壳类的养殖需要投饵料，贝藻类则不需要或者只需少量投饵。数据来源于历年的《中国统计年鉴》和《中国渔业统计年鉴》。

（3）财政支持政策。

本书以财政支农支出占地方财政总支出的比重表示政府财政支持政策。其中财政支农支出由各地区财政支出中的支援农村生产支出、农业综合开发支出以及农林水事务支出这三项支出的合计数表示，而财政总支出为地方政府的一般预算支出。

数据主要来源于历年《中国统计年鉴》以及各地区统计年鉴。

(4) 产业集聚水平。

本书中，选择区位熵指数表示沿海各省市的海水养殖业集聚程度，公式为：

$$LQ_{ij} = \frac{q_{ij}/q_j}{q_i/q}$$

其中，LQ_{ij} 表示 j 地区 i 产业的区位熵；q_{ij} 为 j 地区的 i 产业的总产值；q_j 为 j 地区所有产业的总产值；q_i 表示全国范围内 i 产业的总产值；q 为全国所有产业的总产值。区位熵指数反映某一产业部门的专业化程度，该值越高，地区产业集聚水平就越高。以海水养殖业为例：当 LQ_{ij} 大于 1 时，说明 j 地区的海水养殖业集聚水平较高，专业化程度高于全国平均水平；当 LQ_{ij} 小于 1 时，说明 j 地区的海水养殖业集聚水平较低。数据来源于历年《中国统计年鉴》和《中国渔业统计年鉴》。

(5) 对外贸易。

依据本书的研究目的，选择各沿海省份水产品进出口总额与各沿海省份地区生产总值的比值来表示水产业贸易发展程度。数据来源于《中国水产品进出口贸易统计年鉴》《中国渔业统计年鉴》以及《中国统计年鉴》。

(6) 养殖技术服务。

养殖技术服务考察的是技术扩散的程度，反映了新技术落实到养殖生产中的可能性效果。本书以渔业技术推广中的技术人员职称作为技术服务水平的替代指标，以高级、中级和初级职称技术人员数量总和与海水养殖总面积的比值作为变量指标，反映技术服务人员的服务水平。数据来源于历年《中国渔业统计年鉴》。

(7) 工业化程度。

本书用地区工业总产值占地区生产总值的比重来表示某地

区工业发展程度，数据来源于历年《中国统计年鉴》和各地区统计年鉴。

(8) 政府环境资源管理政策。

本书采用各地区环境污染治理项目投资额与当年地区生产总值的比值来量化政府资源环境管制变量，数据来源于历年《中国统计年鉴》和《中国环境统计年鉴》。

5.3 模型选择和估计方法

5.3.1 固定效应和随机效应模型

为了验证海水养殖环境全要素生产率和各影响因素之间的关系，本书采用面板数据模型进行分析。根据前文有关模型设定和估计方法的表述，在进行面板数据模型验证之前先要解决两个问题：一是检验选择固定效应或随机效应模型；二是检验随机扰动项可能存在的异方差和自相关问题。利用 stata 软件提供的检验程序，根据检验结果对混合模型、固定效应模型以及随机效应模型选择最合适的模型。

首先通过固定效应模型估计验证是选择混合效应还是固定效应。回归结果中的 F 统计量检验所有个体效应整体上显著，如果估计结果拒绝原假设，认为选择固定效应模型优于混合 OLS 模型。其次通过随机效应模型估计验证是选择混合效应还是随机效应模型，Breusch 和 Pagan（1980）为此提供了 LM 检验，原假设认为“不存在个体随机效应”，如果结果拒绝原假设，则认为原模型中应该有一个反映个体特性的随机扰动项 u_i，而不应该使用混合模型，即选择随机效应模型[137,138]。最后，使用 Hausman 检验对固定效应模型和随机效应模型进行选择。虽然前两个检验可以说明模型中个体效应存在的情况，但是为了进一步对固定效应和随机效应进行区分，还需要进一步检验。检验结果如表 5 - 2 所示。

表 5 - 2 面板数据模型的固定效应和随机效应模型检验

检验	统计量	P 值
混合效应 VS 固定效应（F 统计量）	4.01	0.000 5
混合效应 VS 随机效应（LM 检验）	0.00	1.000 0
固定效应 VS 随机效应（Hausan 检验）	25.29	0.002 7

表 5 - 2 的结果表明在混合效应和固定效应模型的选择中，统计量的 P 值在 1%的显著水平上拒绝了原假设，因此本书认为应该选择固定效应。混合效应和随机效应模型的 LM 检验结果则接受了“不存在个体随机效应”的原假设，在这二者之间，应该选择混合 OLS 回归模型。为了进一步验证这个结果，Hausan 检验的结果强烈拒绝原假设，因此本书认为使用固定效应模型优于随机效应模型。

根据检验结果，对应于划分估算我国沿海省份的海水养殖业环境全要素生产率及其影响因素之间的关系分析时，固定效应模型是更佳的选择。本书中将海水养殖环境全要素生产率的影响因素模型设定为：

$$Y_{it} = \alpha + \sum_{j} \beta_j X_{j,it} + \mu_i + \varepsilon_{it} \qquad (5-1)$$

其中，Y_{it} 表示各沿海省市的海水养殖业环境全要素生产率累积指数，以 2005 年为基期，对第四章所计算的 ML 指数进行累积计算；i 和 t 分别表示第 i 个省份和第 t 年，α 表示截距项，β_j 表示影响因素的待估系数，$X_{j,it}$ 表示影响因素，μ_i 为个体效应，ε_{it} 为随机扰动项。以方程 5 - 1 提供的面板估计基本模型为基础，根据选取的数据时期长度 t 较长，而截面单位数量 i 较小地特点，本书采用针对长面板数据的相应估计方法。

5.3.2 异方差和自相关检验

相对于 t 小、i 大的短面板数据，长面板数据由于信息较多，可以考虑随机扰动项可能存在的异方差与自相关问题。因此，针对随机扰动项可能存在的组间异方差、组内自相关或组间同期相关，采用相应的OLS（即LSDV）或者可行最小二乘法（FGLS）分别进行估计。

(1) 关于组间异方差问题的检验。

原假设为："不同个体的扰动项方差均相等"，在原假设成立的前提下，

$$\frac{\hat{\sigma}_i^2-\sigma^2}{\sqrt{Var(\hat{\sigma}_i^2)}}\xrightarrow{d}N(0,1) \tag{5-2}$$

取平方得：

$$\frac{(\hat{\sigma}_i^2-\sigma^2)^2}{Var(\hat{\sigma}_i^2)}\xrightarrow{d}X^2(1) \tag{5-3}$$

其中，$\hat{\sigma}_i^2=\sum_{t=1}^{T}\frac{e_{it}^2}{T}$ 为 $\hat{\sigma}_i^2$ 的一致估计量，e_{it} 为对应于 ε_{it} 的残差。

另外，Var（$\hat{\sigma}_i^2$）的一致估计量为

$$\widehat{Var(\sigma_i^2)}=\frac{1}{T}\frac{1}{T-1}\sum_{t=1}^{T}(e_{it}^2-\hat{\sigma}_i^2)^2 \tag{5-4}$$

如果设定每个个体的扰动项相互独立，可得沃尔德统计量：

$$W\equiv\sum_{i=1}^{n}\frac{(\hat{\sigma}_i^2-\sigma^2)^2}{\widehat{Var(\hat{\sigma}_i^2)}}\xrightarrow{d}X^2(n) \tag{5-5}$$

以此统计量对模型组间异方差问题进行检验。

(2) 组内自相关检验。

采用 Wooldridge（2002）提供的方法进行检验[139]。假设"不存在组内自相关"，然后对方程 5-1 进行一阶差分，得到

$\Delta\varepsilon_{it}$的方差与自协方差分别表示为：

$$\text{Var}(\Delta\varepsilon_{it}) = \text{Var}(\varepsilon_{it}, \varepsilon_{i,t-1}) = \text{Var}(\Delta\varepsilon_{it}) + \text{Var}(\varepsilon_{i,t-1}) = 2\sigma_\varepsilon^2 \tag{5-6}$$

$$\begin{aligned}\text{Cov}(\Delta\varepsilon_{it}, \Delta\varepsilon_{i,t-1}) &= \text{Cov}(\varepsilon_{it} - \varepsilon_{i,t-1}, \varepsilon_{i,t-1} - \varepsilon_{i,t-2}) \\ &= -\text{Cov}(\varepsilon_{i,t-1}, \varepsilon_{i,t-1}) = -\text{Var}(\varepsilon_{i,t-1}) = -\sigma_\varepsilon^2\end{aligned} \tag{5-7}$$

可得自相关系数：

$$\text{Corr}(\Delta\varepsilon_{it}, \Delta\varepsilon_{i,t-1}) = \frac{\text{Cov}(\Delta\varepsilon_{it}, \Delta\varepsilon_{i,t-1})}{\text{Var}(\Delta\varepsilon_{it})} = \frac{-\sigma_\varepsilon^2}{2\sigma_\varepsilon^2} = -0.5 \tag{5-8}$$

进一步地，以 e_{it} 表示 $\Delta\varepsilon_{it}$ 的样本值，并对 e_{it} 进行一阶自回归，结果表示为：

$$e_{it} = \rho e_{i,t-1} + error_{it} \tag{5-9}$$

然后对原假设进行沃尔德检验，以判断数据是否存在组内自相关。

(3) 检验组间同期自相关问题。

利用 Greene（2000）提出的 Breusch-Pagan LM 检验模式，定义原假设："不存在组间同期相关"，如果检验结果接受原假设，那么认为根据残差计算的不同个体扰动项的相关系数应接近于 0[140]。把这些相关系数排成一个"残差相关系数矩阵"，那么该矩阵非对角线元素应离 0 不远。Breusch-Pagan LM 检验正是根据残差相关系数矩阵设计的对应于组间同期相关的检验模式。

根据上文的分析结果，对面板数据固定效应模型进行检验，结果如表 5－3 所示。从表 5－3 中可以看出，进行异方差检验的统计量和 P 值结果说明，应强烈拒绝同方差的原假设，认为存在组间异方差；Wooldridge 检验的结果也拒绝"不存在一阶组内自相关"的原假设，认为存在序列相关；Breusch-

Pagan LM 检验的结果也拒绝"无同期相关"的原假设，认为存在组间同期相关。

表 5-3 面板数据模型的异方差和自相关检验

检验	统计量	P 值
组间异方差检验	589.41	0.000 0
组内自相关检验（Wooldridge 检验）	19.687	0.002 2
组间同期自相关检验（LM 检验）	52.706	0.035 7

5.4 海水养殖环境全要素生产率影响因素的实证结果分析

结合以上两个方面的分析结果，根据本书长面板数据中存在的异方差和自相关问题，对面板数据固定效应模型进行全面 FGLS 估计。本书估计得到我国沿海 9 个主要省份海水养殖业环境全要素生产率影响因素的实证结果如表 5-4 所示。

表 5-4 海水养殖环境全要素生产率影响因素的估计结果

变量	系数	T 值	P 值
Income	−62.081 5***	−5.65	0.000
Income^2	3.467 819***	5.68	0.000
Maristr	0.191 57	0.59	0.556
Finaup	7.424 55***	8.87	0.000
Agglome	0.203 57***	7.23	0.000
Trade	1.502 689***	3.64	0.000
Industri	−0.274 77	−1.00	0.317
Techser	35.412 34***	4.39	0.000
Goveren	−0.471 23	−0.43	0.669
_cons	251.600 1***	4.49	0.000

注：*** 表示变量在 1%的显著水平上通过检验。

(1) 渔民收入水平。

回归结果表明，海水养殖业环境全要素生产率的模型中，渔民收入水平与海水养殖业环境全要素生产率之间存在U形的二次关系。当渔业经济发展处于较低的水平时，人们更倾向于快速增加总体产出，而对生产中的环境问题并不非常关注，甚至更多采用粗放的养殖生产方式，此时海水养殖业的环境全要素生产率水平随着渔民收入水平的提高而降低。当渔民人均收入水平达到甚至高于海水养殖业环境全要素生产率拐点所对应的收入后，海水养殖业环境全要素生产率随着渔民人均收入水平的提高而提高。这说明渔业经济的发展和渔民收入水平的提高，一方面对养殖生态环境造成的影响严重，另一方面养殖户也有动力实现养殖生态化发展转型。

(2) 海水养殖结构。

实证分析结果表明，海水养殖结构调整对海水养殖业环境全要素生产率的影响不显著。海水养殖结构调整主要是指养殖业内部养殖品种的调整，一般认为，包括鱼类、甲壳类在内的高附加值的投喂型养殖品种越高，一方面既可以带来较高的经济产出，另一方面相对于贝类、藻类等滤食性的养殖品种，鱼类和甲壳类养殖往往意味着较大的污染。从全国范围来看，2005—2015年，鱼类和甲壳类占海水养殖总面积的比重由23%降低到17%，可见海水养殖结构的调整有助于优化养殖产业结构、提高养殖业生产率，但是本书的检验结果并不符合这一判断。事实上，由于鱼类和甲壳类营养价值高，居民生活水平不断提高，人们对鱼类和甲壳类的需求量不断增加，虽然这类养殖品种养殖面积占比降低，但是实际产量却是逐年增加的。另外，伴随着技术的进步和水产品质量安全问题越发受到国家和民众的关注，养殖中的用药和投饵问题也不断改善，这些都减少了鱼类和甲壳类养殖中产生的环境污染问题。

(3) 财政支持政策。

本书以农业财政支出占地方财政总支出的比重表示财政支农支渔政策对海水养殖业环境全要素生产率的影响。实证结果表明，财政支持政策对海水养殖业环境全要素生产率的正向影响显著，这说明财政支农支出在地方财政总支出的比重越高，海水养殖业环境全要素生产率越高，财政政策的有效支持可以促进海水养殖产业和环境协调发展。海水养殖产业具有农业的弱质性特性，受到自然环境因素的影响较大，因此需要国家和地方财政给予相应的支持和帮助；而养殖技术的改进和养殖基础设施的升级更新也需要大量的财政支持。因此，为了实现海水养殖产业发展方式转型升级，要逐渐增加财政支农比重，合理安排支农项目，提高财政支农成效。

(4) 产业集聚水平。

海水养殖产业集聚水平以区位熵表示，反映了该产业部门的专业化程度，实证结果表明，海水养殖产业集聚水平对环境全要素生产率具有正向显著影响，这说明海水养殖环境全要素生产率随着养殖产业发展的专业化程度提高而提高。虽然产业集聚可能由于产业规模的快速扩张而带来更大的污染排放，但是以海水养殖产业为例，适当的产业集聚可以形成技术上的有效扩散以及溢出效应，同时集中处理污染的能力也上升，有效提高了资源的开发和利用效率。近年来，我国海水养殖业普遍出现了海域内的联动合作、集中开发和生产等现象，产业集聚的优势也逐渐显现出来。未来海水养殖的健康发展要积极探索相同海域或者跨海域之间的合作模式，促进海水养殖业的转型发展。

(5) 对外贸易。

对外贸易程度反映了一个地区或国家的经济开放度，本书的实证结果表明水产行业的贸易开放度对海水养殖业的环境全要素生产率具有显著正向作用，一个地区或是国家的水产贸易越发达，越有助于提高其海水养殖产业的环境全要素生产率，实现养殖产业和环境保护的协调发展。随着技术的进步和人们环保意识的提升，水产品进出口贸易中往往对产品的质量安全要求更加严格，并且制定了较高的进出口贸易检验标准，这促使贸易国家关注生产中的污染问题，并实行有效的环境监管，同时生产中也积极改进生产养殖技术，提高产品质量安全标准，以满足进出口需要，提高贸易收入的同时也提高了环境质量。

(6) 工业化程度。

从实证结果来看，工业化程度变量的估计系数是负号，但是估计结果不显著，这说明工业化发展并不会带来海水养殖业环境全要素生产率的降低。我国工业产业发展迅速，工业在国民经济中所占的比重不断提高，而农业在国民经济中所占比重不断减少。一方面，工业的发展要求农业部门提供大量必要的生产、生活资料，但是农业的发展受到自然资源有限的约束，因此为了提高农业产量有可能会采取粗放式的生产方式，对环境产生破坏；而另一方面，工业高度发展，促进技术的进步和农业设施的改进，反过来促进了农业的集约化、规模化发展，在一定程度上又减少了对环境的破坏程度。另外，工业化发展需要大量的劳动力，迫使一部分农业劳动力转移到工业部门，但是海水养殖从业者往往是具有专门的养殖技术，或者养殖户本身就是养殖产业的所有者或经营者，因此他们不太容易也不太愿意放弃自己专业或产业而进入工业生产，所以这种海水养殖业的劳动力转移并不轻易发生。事实上，受到海水养殖的高利润吸引，很多接受了现代教育，掌握了先进养殖技术的工业领域的从业者正不断进入到水产养殖行业中，他们拥有新技术、了解市场需求、更注重产业发展的可持续性，更关注生产中的环境问题，可见工业化发展并没有对海水养殖业的绿色发展产生显著负面影响。

（7）养殖技术服务。

从实证结果来看，养殖技术服务水平对海水养殖环境全要素生产率具有正向显著作用，这说明提高养殖技术人员的服务水平可以有效提升海水养殖环境全要素生产率，促进海水养殖产业的可持续发展，实证结果符合本书的预期。我国一直致力于提高海水养殖产业发展中的技术水平以及养殖人员培训工作，尤其是近年来，随着海洋经济快速发展，环境保护的发展理念不断深入，国家和各级地方政府都积极促进养殖产业的绿色发展，依托各种新技术的发展和应用，开展各种技术指导和培训，切实落实先进技术对传统海水养殖的改造，提高各项管理工作的质量，提高海水养殖的效率。

（8）政府环境资源管理政策。

从直观上看，政府实行有效的资源环境管理政策，对生产实行一定的环境规制，可以减少生产对环境的污染，提高环境全要素生产率。但是，本书的实证结果表明，政府实行资源环境管理政策对海水养殖环境全要素生产率不显著，这说明政府的环境规制并不会影响海水养殖环境全要素生产率，这与本书的预期不一致。由于找不到有关于海水养殖领域的环境规制政策的指标和数据，本书以各地区环境污染治理项目投资额与当年地区生产总值的比值作为政府环境规制政策的替代指标，这可能是造成实证结果与直观判断偏离的原因。虽然政府实行资源环境规制会产生一定的成本，并且在短期内会降低经济产出，但是从长远来看，实行资源环境规制政策，可以促进生产者改进技术，实现绿色生产，减少环境污染，最终有利于提高产品质量、实际经济绩效和环境绩效。

5.5　本章小结

本章选取了渔民收入水平、海水养殖结构、财政支持政策、产业集聚水平、对外贸易、工业化程度、养殖技术服务以及政府环境资源管理政策8个变量实证分析了影响海水养殖生产率水平的主要因素。通过筛选固定效应和随机效应模型并检验异方差和自相关问题，基于面板数据构建了固定效应FGLS模型，估计了以上因素和海水养殖环境全要素生产率的关系，实证结果如下：渔民收入水平与海水养殖业环境全要素生产率之间存在U形的二次关系；财政支持政策对海水养殖业环境全要素生产率的正向影响显著；海水养殖产业集聚水平对环境全要素生产率具有显著正向影响，这说明海水养殖环境全要素生产率随养殖产业发展的专业化程度提高而提高；水产行业的贸易开放度对海水养殖业的环境全要素生产率具有显著正向作用；养殖技术服务水平对海水养殖环境全要素生产率具有显著正向作用，这说明提高养殖技术人员的服务水平可以有效提升海水养殖环境全要素生产率水平。另外，海水养殖结构调整对海水养殖业环境全要素生产率的影响不显著；工业化程度变量的估计系数是负号，但估计结果不显著，这说明工业化发展并不会带来全要素生产率的降低；政府实行环境资源管理政策对海水养殖环境全要素生产率负向影响不显著。

6 海水养殖户发展生态养殖的意愿及影响因素分析

关于海水养殖生态化发展的外部影响因素主要讨论的是宏观环境层面的问题，而实现海水养殖生态化发展的过程是具体并且复杂的，涉及各参与主体的核心利益，这些主体包括海水养殖户、水产企业、水产业监管机构等。其中海水养殖户是生态养殖的主要参与者和实践者，在采纳生态养殖模式转变的过程中，面临着成本、技术、劳动力等各方面的制约，这些压力会对养殖户决定是否采用生态养殖模式的意愿产生影响。为了更好地了解生态养殖发展中的具体问题、制约因素以及政策的决策方向，有必要对养殖户生态养殖的认知以及是否采用生态养殖模式的意愿进行研究。本部分通过进行访谈和问卷调查，以福建宁德大黄鱼养殖产业生态养殖发展为例进行分析，利用调研数据构建 Logistic 模型，实证分析海水养殖户采纳生态养殖模式意愿情况及其影响因素，在实证基础上提出提升海水养殖户参与和采纳生态养殖模式的意愿的政策建议。

6.1 理论分析与研究假设

6.1.1 理论分析

目前在农业领域，关于养殖户生态养殖意愿问题的研究已经取得了一些成果。由于关于海水养殖方面的文献较为鲜见，本书根据其他养殖产业的研究进行借鉴分析。既有的关于生态养殖技术或模式的采纳意愿问题主要是从影响因素的角度展开，通过统计资料、调研数据以及构建离散模型的角度对该问题进行分析[141,142,143]。

养殖户是否接受生态化养殖模式受到各种因素的影响，如何实现养殖户从传统的养殖模式演变为生态养殖模式呢？从计划行为理论来看，海水养殖户是生态化养殖模式的采纳主体，养殖户对于生态养殖的态度、对实行生态养殖技术的主观规范以及自身的知觉行为控制都会对其是否采纳生态养殖模式的意愿产生影响，进而影响其真正的采纳行为。蒋艳萍（2014）对中国广东水产行业生态养殖现状进行了调查，指出养殖户固有的观念习俗对海水养殖户生态化发展会产生影响[144]。刘雪芬（2013）等研究了畜禽养殖户的生态养殖行为影响因素，包括养殖户家庭年收入、养殖规模以及产品是否进行安全质量监测等因素会对养殖户生态养殖行为产生显著影响[145]。赵丽平（2015）等研究了水禽养殖中养殖户生态养殖认知及其行为不一致问题，结果表明，农户的生态养殖认知程度和生态养殖行为决策得分很低，农户的生态养殖认知和其行为决策的相关性很弱，两者表现出较强的不一致性；另外对其认知和行为不一致的主要因素进行分析，发现结果也存在较大差异[146]。

因此，本部分通过深入海水养殖业发达的沿海区域，选取“大黄鱼之乡”宁德市大黄鱼养殖主要集中的蕉城区、霞浦县和福鼎市三个县市进行实地调研，对养殖户进行访谈和问卷调查，进一步明确当前当地生态养殖发展情况以及影响养殖户采纳生态养殖模式采纳意愿的主要因素，从而总结归纳出当地发展生态养殖实践中存在的突出制约因素和有利条件，这有助于判定未来海水生态养殖模式推广发展情况，为政府制定扶持政策与相关制度安排提供依据。

6.1.2 研究假设

结合既有文献的分析，关于影响海水养殖户对生态养殖模式的采纳意愿的因素主要从内部和外部两个方面来说明。海水养殖户个体特征涉及的主要指标包括养殖户性别、养殖户年龄以及文化程度；养殖户经营特征包括家庭务农人数、养殖收入、养殖面积等指标；生态认知特征涉及的指标包括海水养殖环境污染认知、养殖户对水产品质量安全问题认知以及养殖户对生态养殖模式了解程度；政策感知特征包括的指标是对政府治理污染政策了解程度。

（1）养殖户个体特征。

养殖户主性别的差异对养殖户是否采纳生态养殖模式的意愿具有影响，一般男性养殖户往往更具有冒险意识，因此更愿意尝试采纳新的养殖模式，而女性偏向稳定，可能会固守原有的生产方式，当然这是基于原有的生产模式盈利能力还不错的情况。不同年龄阶段的人其生活经验、心理状态以及行动方式都有所差异，年纪大的养殖户其养殖经验更为丰富，对于风险的判断更准确，承受能力更强。但另一方面，年龄大的养殖户可能受到传统养殖习惯的影响，出于保守考虑，降低了采纳新的养殖模式的意愿。养殖户的受教育程度是影响其采纳新养殖模式意愿的重要特征。一般来说，受教育程度较高的养殖户拥有更多的知识，并且更善于学习新技能。综上所述，我们假设养殖户的年龄、性别对是否采用生态养殖模式的影响是可正可负的，而养殖户受教育程度水平是其是否采用生态养殖模式的重要因素，养殖户受教育程度水平越高，越愿意采用新的生产模式。

（2）养殖户家庭经营特征。

养殖户家庭经营特征主要是指家庭务农人数、养殖收入以及养殖规模等要素。海水生态养殖相对于传统养殖模式，对资金和技术的需求更大，要求更高，因此那些家庭养殖面积更大、养殖收入更高的养殖户家庭就更有能力和意愿采用新的生态养殖模式，以期通过生产方式和技术的改进提高养殖产出效率，带来更大的经济收益。而那些养殖面积较小、养殖收入较低的养殖户，可能意识不到自己的生产行为对整个产业以及周围环境的影响，因此也不太关注生态养殖，对于新的生态养殖模式的参与度就更不高了。家庭务农人数越多，意味着家庭中依靠养殖产业获取收益的人口更多，而获得收入的其他渠道较少，因此这一类养殖家庭对养殖产业的依赖更大，更有意愿采纳生态养殖模式，从而为家庭创造更多收入。

(3) 生态认知特征。

养殖户的生态认知特征主要是指养殖户对养殖产品质量安全意识和环保知识的了解情况。张云华等（2004）指出农户对新技术的采纳行为受到个人生态观念和健康意识的影响，随着社会上一些产品质量安全问题的曝出，消费者对养殖产品质量安全问题愈加关注，这会促使养殖户关注产品质量安全问题[147]。养殖户关注产品质量问题，也就会有意愿去了解投入饵料以及使用药物问题，因此也更有意愿采纳那些环境友好、健康养殖的技术以及生态化模式。从2012年宁德市政府根据福建省人民政府有关水产养殖水域规划的有关规定，颁布《宁德市海上水产养殖综合整治工作方案》开始，相关文件逐一发布，以加大对宁德市海水养殖污染问题的治理，这就把海水养殖中的环境问题提到了一个新的高度。熟悉海水养殖的相关环保要求，对于养殖户规划自身的养殖发展，采纳环境友好的生态养殖方式具有重要的作用。

(4) 政策感知特征。

各级政府通过发布相应的政策制度，并且在资金等各方面给予补贴支持以促进海水养殖生态化发展，但是养殖户是否了解政府有关养殖支持的相关政策，是否确实受惠于政府的制度宣传、培训以及示范，是否对政府的各项支持政策感到满意呢？这是养殖户对政策的感知特征。政府的外部性刺激也是推动养殖户采用环境友好的健康养殖模式的推动力量。根据本书的研究目的，以养殖户对政府治理污染政策了解程度考察养殖户对政府政策感知特征，对该政策了解得越多，其采纳新的生态养殖模式的意愿就越高。

6.2 数据来源与样本概况

6.2.1 数据来源

宁德市地处福建省东北部沿海，东临东海，与台湾隔海相望，西邻南平，南连福州，北接浙江省温州市。该市海阔港深，海湾、岛屿众多，浅海广布滩涂，适宜生产的海域面积较大，发展水产养殖条件优越。宁德市大黄鱼养殖历史悠久，并且产量和规模都是全国之首，育苗、繁殖技术在全国处于领先水平。宁德市大黄鱼养殖经过了几十年发展，养殖模式不断演变，逐渐形成了网箱养殖为主，多种养殖模式并存的格局。然而长期以来，传统养殖中普遍存在抵抗自然灾害能力差、养殖污染严重的问题，导致养殖鱼类产品品质有所下降，经济效益不佳。宁德市积极转变渔业发展方式，各级政府和沿海养殖户积极探索、创新和引进养殖新模式，目前除了传统的池塘养殖和框架式浮动网箱养殖外，包括塑胶大型网箱养殖、浅海围网养殖、湾外大网箱养殖模式以及多营养层次综合养殖在内的各种养殖技术正不断被引进和实践，其优势也逐渐突显。虽然生态化养殖模式的效益明显，但是目前在宁德市的应用还不是非常广泛，并且主导力量还是政府。海洋渔业历来是宁德市传统优势产业，研究如何转变经济发展方式，创新发展传统优势产业，改进水产养殖模式，具有现实价值。另外，基于较为成熟的产业发展基础，研究宁德市大黄鱼养殖的生态化发展，既有利于大黄鱼养殖产业实现新的突破，也能对其他的水产养殖发展起到积极示范作用。

考虑到养殖户才是生态养殖模式的主要参与主体，本书从海水养殖户对生态养殖模式的采纳意愿角度研究宁德市大黄鱼养殖的生态化发展问题，于2018年7月对该市大黄鱼养殖集中的蕉城区、霞浦县和福鼎市三个县市的大黄鱼养殖户进行实地调研，明确当前当地生态养殖发展情况以及影响养殖户采纳生态养殖模式意愿的主要影响因素，这有助于判定未来海水生态养殖模式推广发展情况，为政府扶持政策制定与相关制度安排提供依据。调研形式为对大黄鱼养殖户进行入户或者进入养殖渔排随机抽样调查并进行半结构化访谈，问卷质量较高，数据真实，可用性也更高。根据问卷的有效性检验结果，本书最终确定的分析样本为304户。

6.2.2 样本特征及统计分析

结合养殖户的生产经营特点，问卷内容共包括两个部分：第一部分是养殖户的个人及家庭基本情况。包括养殖户的年龄、性别、文化程度、家庭务农人数、养殖收入、养殖规模等。第二部分是关于养殖户的生态认知、对政策感知特征以及采纳海水生态养殖模式意愿调查。各变量的具体解释说明见表6-1。

如表6-1所示，海水养殖户户主以男性为主，比例达到样本总量的90.8%，女性仅占9.2%；50岁以下的养殖户占76%，其中大部分集中在40～50岁；文化程度在初中及以下的养殖户占比大约为85.9%，且以初中文化程度者居多，可

表 6-1　海水养殖户生态养殖模式采纳意愿影响因素的变量描述性统计

变量解释	变量定义和单位	变量描述	均值	标准差
被解释变量	海水生态养殖模式采纳意愿	1. 不愿意，2. 一般，3. 愿意	1.97	0.828
个体特征	性别	男=1，女=0	0.91	0.290
	年龄（岁）	实际年龄	44.25	9.766
	受教育程度	实际受教育程度	7.55	3.399
家庭经营特征	家庭务工人数（人）	家庭劳动力人数	1.77	0.766
	海水养殖收入（万元）	海水养殖收入	254.84	201.63
	养殖规模（平方米）	养殖面积	2 368.68	1 789.92
生态认知特征	海水养殖环境污染认知	认为海水养殖对环境污染很大，1. 不同意，2. 一般，3. 同意	2.26	0.760
	水产品质量安全问题认知	认为海水产品质量安全问题严重，1. 不同意，2. 一般，3. 同意	1.28	0.541
	对生态养殖模式了解程度	对生态养殖模式以及技术了解程度，1. 不了解，2. 一般，3. 了解	1.42	0.741
政策感知特征	对养殖污染治理政策了解程度	1. 不了解，2. 一般，3. 了解	1.14	0.534

见样本养殖户主要为中年，受教育程度为中下水平。家庭务农人数为 1～4 人不等，其中约 50%的养殖户家庭务农人数为 2 人；养殖规模以网箱围成的海水养殖面积表示，53%的养殖

户规模集中在2 000平方米以内。从访谈中了解到大部分家庭以养殖为家庭主业，养殖收入占家庭收入的大部分，以2017年的海水养殖收入计算，年收入在200万元以内的海水养殖户占约49%的比例。

为了便于被调查养殖户统一概念，本书从海水养殖的全过程对生态养殖模式进行界定和阐述，海水生态养殖必须始终以提高养殖经济效益和生态效益为发展目标，合理布局，控制养殖容量和养殖密度；养殖过程中要减少甚至杜绝使用药物，使用绿色饵料，做好防疫工作；通过筛选、布局共生生物，构建养殖营养层级，促进养殖排放污染物内部吸收，增强水体净化作用，逐渐形成环境友好的海洋生态系统。参考既有文献[147]，问卷设计了海水生态养殖模式采纳意愿的问题："海水生态化养殖模式既能减少海水养殖环境污染，又能实现经济效益，您是否愿意采纳?"答题选项分为不愿意、中立、愿意3个选项。表6-2显示了海水养殖户采纳生态养殖模式的意愿情况，愿意采纳海水生态养殖模式的养殖户占32.6%，中立的占31.6%，不愿意采纳海水生态养殖模式的养殖户占35.8%。进一步访谈了解不愿意采纳海水生态养殖模式的养殖户，不采纳的原因主要包括：对技术不了解、政策没有支持、资金欠缺、认为目前水产品质量很好，不需要改变养殖模式等。

表6-2 海水养殖户生态养殖模式采纳意愿情况

采纳意愿	样本数（户）	比例（%）
不愿意	109	35.9
中立	96	31.6
愿意	99	32.5

6.3 模型实证分析

6.3.1 logistic 模型构建

本书以海水生态养殖模式采纳意愿作为被解释变量，以养殖户个体特征（性别、年龄、受教育程度）、养殖户家庭经营特征（务农人数、养殖收入、养殖面积）、生态认知特征（海水养殖环境污染认知、水产品质量安全问题认知、生态养殖模式了解程度）、政策感知特征（对污染治理政策了解程度）为解释变量，建立海水养殖户生态养殖模式采纳意愿的模型。因为因变量“海水生态养殖模式采纳意愿”是多分类数据，根据样本数据具体特点采用无序多分类反应变量 Logistic 模型进行估计。模型表示如下：

$$logistP_{i/j} = \ln\left[\frac{P(y=i/x)}{P(y=j/x)}\right] = X_i + \sum_{k=1}^{n}\beta_{ik}X_k \quad (6-1)$$

i 为因变量；j 表示因变量对照组，β_{ik} 为系数，表示 X_k 变化一个单位导致“对数概率比”的边际变化。

6.3.2 海水养殖户采纳生态养殖模式意愿影响因素的多重共线性检验

在进行回归分析之前，需要检验各影响因素之间可能存在的多重共线性问题，以保证模型实证分析的有效性。本书以容忍度以及方差膨胀因子（VIF）方法检验共线性问题，结果如表 6-3 所示，以海水养殖收入表示因变量，并设定除了海水养殖收入以外的其他变量为自变量，从检验的总体结果来看，方差膨胀因子都小于 5，对应容忍度的标准，说明各自变量之间不存在多重共线性问题。

表 6-3 海水养殖户采纳生态养殖模式意愿影响因素的多重共线性检验

养殖收入	VIF	容忍度
性别	1.028	0.973
年龄	1.332	0.751
受教育程度	1.361	0.735
养殖面积	1.049	0.954
务农人数	1.054	0.949
海水养殖环境污染认知	1.102	0.907
水产品质量安全问题认知	1.048	0.954
对生态养殖模式了解程度	1.043	0.958
对养殖污染治理政策了解程度	1.119	0.894

6.3.3 海水养殖户采纳生态养殖模式意愿影响因素分析

(1) 模型似然比检验。

根据 logistic 模型检验海水养殖户采纳生态养殖模式意愿的影响因素，似然比检验结果如表 6-4 所示。

表 6-4 似然比检验结果

效应	-2 倍对数似然值	卡方	df	显著水平
截距	561.095	0.000	0	
性别	562.469	1.374	2	0.503
年龄	561.254	0.160	2	0.923
教育	567.888	6.793	2	0.033
养殖面积	562.692	1.597	2	0.450
务农人数	578.895	17.800	2	0.000
海水养殖收入	562.825	1.730	2	0.421

（续）

效应	－2 倍对数似然值	卡方	df	显著水平
海水养殖环境污染认知	582.614	21.519	4	0.000
水产品质量安全问题认知	569.327	8.232	4	0.083
生态养殖模式了解程度	581.796	20.702	4	0.000
对养殖污染治理政策了解程度	571.810	10.715	4	0.030

分别对每个自变量的作用进行似然比检验，结果如表 6－4所示，在拟合的两个方程中共有 10 个自变量，包括教育、务农人数、海水养殖环境污染认知、对生态养殖模式了解程度以及对养殖污染治理政策了解程度等 5 个自变量的显著水平 $P<0.05$，显示出这些变量对模型的作用是有统计意义的。

(2)“愿意采纳”与“中立态度”比较。

模型以养殖户“愿意采纳生态养殖模式”作为参考类别，建立了两个方程，对采纳意愿的三个类别进行比较。首先对采纳意愿为“愿意采纳”与“中立态度”进行比较。根据表 6－5所示，海水养殖户对生态养殖模式愿意采纳模型中各回归系数的显著性检验结果可见，教育、务农人数、海水养殖环境污染认知＝2 以及对养殖污染治理政策了解程度＝1，这四个变量都通过了显著性检验。

第一，养殖户受教育程度与养殖户选择“中立态度”显著正相关，这说明相对于选择“愿意采纳”，保持“中立态度”的选择在那些受教育程度高的养殖户群体中概率增加；这个结果与前文所述的研究假设相背离，其原因可能是这些文化水平更高的养殖户群体他们对生态养殖的大成本投入以及潜在风险等问题的认识更加清楚，他们更倾向于选择中立和观望的做法。

第二，务农人数与养殖户“保持中立”的意愿选择显著负相关，这说明务农人数越多的养殖户家庭，更愿意选择采纳生态养殖模式；这个结果符合前文的研究假说，家庭中参与养殖的人数越多，则对养殖产业的依赖越大，他们更愿意尝试采纳生态养殖模式，从而取得更多收入。

第三，“海水养殖环境污染认知＝2”表示海水养殖户认为海水养殖对环境污染影响一般，这个变量系数为正，这表明与那些认为海水养殖对环境污染影响很大的养殖户相比，认为影响一般的养殖户群体更容易选择对生态养殖模式保持中立态度。这种选择符合农户理性人假设，也许正是因为他们对海水养殖所造成的环境影响认识不够深刻，对于转变养殖模式，促进生态化养殖发展的意愿就没有那么强烈。问卷调查和访谈的结果也佐证了这个结论，在关于水产品质量安全认知的问题中，有77%的养殖户样本选择“不同意海水产品质量安全问题严重”。笔者的采访中，大多数养殖户都强调他们的大黄鱼养殖没有使用禁药或者过多使用药物，养殖中不存在严重的污染问题，因此水产品也不存在质量问题。

第四，“对养殖污染治理政策了解程度＝1”表示海水养殖户对养殖污染治理政策不了解，变量系数为2.814，显著程度高并且影响较大。这说明了与那些对养殖污染治理政策很了解的养殖户相比，不了解污染治理政策的养殖户群体更容易选择对生态养殖模式保持中立态度。这符合笔者的研究假设，在推进海水养殖生态化转型过程中，尤其在初期，需要政府的介入，以养殖户对政府治理污染政策了解程度考察养殖户对政府政策感知特征，对该政策了解越多，其采纳新的生态养殖模式的意愿就越高。

表 6-5 海水养殖户采纳生态养殖模式意愿影响因素的回归结果

生态养殖模式采纳意愿[a]	不愿意		中立	
	系数	标准误	系数	标准误
年龄	0.007	0.017	0.006	0.020
教育	0.060	0.051	0.150**	0.059
养殖面积	0.000	0.000	0.000	0.000
务农人数	−0.026	0.199	−0.934**	0.260
海水养殖收入（万元）	−0.001	0.001	0.000	0.001
[性别=0]	0.612	0.531	0.397	0.598
[性别=1]	0[b]		0[b]	
[海水养殖环境污染认知=1]	−0.554	0.402	−0.201	0.464
[海水养殖环境污染认知=2]	0.515	0.367	1.462**	0.397
[海水养殖环境污染认知=3]	0[b]		0[b]	
[水产品质量安全问题认知=1]	1.372	0.773	1.958	1.154
[水产品质量安全问题认知=2]	1.169	0.844	2.356	1.200
[水产品质量安全问题认知=3]	0[b]		0[b]	
[生态养殖模式了解程度=1]	−1.530**	0.456	−0.575	0.553
[生态养殖模式了解程度=2]	−0.070	0.692	1.001	0.768
[生态养殖模式了解程度=3]	0[b]		0[b]	
[对养殖污染治理政策了解程度=1]	0.879	0.601	2.814**	1.157
[对养殖污染治理政策了解程度=2]	0.797	0.819	1.746	1.372
[对养殖污染治理政策了解程度=3]	0[b]		0[b]	

注：a 表示参考类别为愿意采纳；b 表示参数冗余，将其设为零。

** 表示变量在 5%的统计水平上显著。

(3)“愿意采纳”与“不愿意采纳”比较。

如表 6-5 所示，海水养殖户对生态养殖模式意愿采纳模型中各回归系数的显著性检验结果可知，只有“对生态养殖模式了解程度=1”这个变量通过了显著性检验。“对生态养殖模式了解程度=1”表示养殖户对生态养殖模式以及技术不了解，变量系数为负值，这说明与那些了解生态养殖模式以及技术的养殖户相比，不了解生态养殖模式以及技术的养殖户群体更愿意选择采纳生态养殖模式。这个结果与研究假设相背离，借助于交叉表进一步对这些养殖户群体特征进行分析。结果显示，那些不了解生态养殖模式以及技术的养殖户群体主要是40岁以上的养殖户，并且大部分集中在40～50岁；从文化程度上来看，主要集中在初中及以下文化水平的养殖户中。综合这两个特征分析，本书认为这些具有一定文化水平的中年养殖户，由于他们从事养殖的时间较长，并且对传统的养殖模式存在的问题认识更加全面，而且有一定的养殖经验和经济实力，也能够在短时间内把握养殖发展新趋势，即使对新的生态养殖模式或者技术不了解，他们也认为自己有能力尝试和开展各种新的养殖模式。因此，这些养殖户群体虽然不了解生态养殖模式以及技术，但他们仍然愿意选择采纳生态养殖模式。

6.4 政策含义

根据上文实证分析的结果，关于影响海水养殖户对生态养殖模式的采纳意愿的因素既包括内部因素，也包括外部原因。模型结果显示，以各项指标表示的海水养殖户个体特征、养殖户家庭经营特征、生态认知特征以及政策感知特征都在一定程度上反映出对海水养殖户采纳生态养殖模式的意愿有所影响。模型结果反映的政策含义集中体现在如何发挥政府在提高海水养殖户对生态养殖模式的采纳意愿这个问题上。

(1) 加强生态知识宣传，加强生态技术培训。

加强生态知识宣传，让广大养殖户正确、及时地认识传统养殖存在的问题，了解生态养殖的优势，才能提高采纳新模式的意愿。虽然采纳新的养殖模式存在一定的风险，但是可以带来更高的收益，也有利于养殖产业的可持续发展。政府牵头加强生态技术培训，可以减少养殖户成本，降低养殖风险，如若能与养殖户的生产经验强强联合，可以提高培训效率和养殖收益。

（2）提高政策透明度。

除了生态知识，政府有关部门要提高各项渔业政策透明度，养殖户准确了解国家在海水养殖产业上的发展导向，并对具体的实施策略有效解读，这有助于养殖户了解市场变化，合理规划和布局，实现养殖生产平稳转型。

（3）关注海水养殖中的核心养殖户。

海水养殖生态化转型涉及每一个养殖户，但是在具体实行过程中，那些有一定文化水平，环保意识较强而且有一定养殖经验和养殖基础的中壮年养殖户扮演着重要的作用，多关注这些养殖户的生产决策和选择意愿，并进行有效引导，可以加快海水养殖生态化转型发展的进程。

6.5 本章小结

本章利用在典型海域的典型海水养殖产业进行调研获得的微观数据构建了 Logistic 模型，实证分析了海水养殖户采纳生态养殖模式意愿情况及其影响因素。本章介绍了选择该地区开展案例调研的理由，并对可能影响海水养殖户采纳生态养殖模式意愿的影响因素进行了假设分析。然后在认真分析样本数据的基础上，完成了模型计算，结果表明：教育、务农人数、海水养殖环境污染认知、生态养殖模式了解程度以及对养殖污染治理政策了解程度 5 个变量对海水养殖户采纳生态养殖模式意愿会产生影响。根据模型实证结果，本书主张要积极发挥政府在提高海水养殖户对生态养殖模式的采纳意愿上的作用，从加强生态知识宣传，加强生态技术培训，提高政策透明度以及关注海水养殖中的核心养殖户等方面积极作为，提高海水养殖户采纳生态养殖模式的意愿。

7 环境约束下海水养殖生态化发展的演化机制分析

通过测算海水养殖环境效率以及实证分析主要影响因素，本书论证了海水养殖产业实现生态化转型发展的必要性和必然性，并对影响海水养殖生态化发展的主要因素有了基本认识。然而实现海水养殖生态化发展转型是具体并且复杂的，包括财政支持政策、养殖技术服务等这些主要影响因素如何发挥作用亦是一个复杂的过程。而这过程中涉及各参与主体的核心利益变化，这些主体包括海水养殖户、水产企业、水产业监管机构等。各主体围绕水产品价格、养殖成本、养殖技术采纳、水产品质量安全、政府监管等问题产生互动，并逐渐形成对海水生态养殖模式不同的选择策略。因此，为了构建海水养殖生态化发展的转型机制，本章从海水生态养殖参与主体的微观视角出发，讨论这些参与主体如何对海水生态养殖的转型发展做出反应，从而反过来对海水养殖生态化转型发展产生影响。

为了更好地解释海水养殖生态化发展模式转变过程中的各主体关系和行为特征，本章基于演化经济学基本理论，运用演化博弈分析工具具体分析海水生态养殖模式转变的主体决策互动机制。演化博弈理论区别于传统的经典博弈，该理论假定博弈主体是有限理性的，在此假设下，讨论博弈主体策略选择以及策略行为的形成机制，并可以较好地推导策略行为的演化趋势以及稳定性情况[148]。本章的核心是分析海水养殖户、水产企业和政府这三个群体在市场机制和政府监管机制作用下的行为反应和策略选择，以阐述海水养殖生态化发展的演化路径，考察市场和政府监管这两大机制在促进海水生态养殖模式的采纳和推广过程中的重要意义，为进一步提出相关措施提供依据。

7.1 环境约束下海水养殖生态化发展的转型机制：一个理论框架

7.1.1 环境约束下海水养殖参与主体行为分析

(1) 环境约束与海水养殖户生态养殖行为关系推导。

海水养殖户是我国海水养殖的主要参与者，在长期的发展过程中形成了丰富的养殖经验，是我国海水养殖发展的重要推动力量。然而，随着海水养殖产业不断发展，传统养殖模式的局限性逐渐突显，其中非常突出的问题是传统养殖模式对生态环境的影响与日俱增。海水养殖的环境约束作用集中反映在养殖污染的产生对养殖环境造成影响，随着养殖总量的不断上升，养殖污染总量超过了海域的自净能力，对生态造成了巨大的负担。海水养殖户缺乏环保意识，往往不会关注养殖污染问题，或者出于预期收益最大化的考虑，不愿意通过降低养殖密度减少养殖污染，或者为治理养殖污染支付费用等。可见传统的养殖模式与养殖环境保护之间产生了矛盾。

海水养殖生产中的环境污染问题对养殖发展产生约束作用，外部性理论和公共物品理论则说明了海水养殖户缺乏转变养殖模式以实现生态环境保护的动力，因此需要政府介入对此进行引导，要求养殖主体采纳新技术和新模式，实现环境保护和养殖生产协调发展。一方面要实行环境规制，对破坏生态的养殖活动进行严格管控，特别强调养殖生产中的环境保护，另一方面要加强技术宣传和推广，对于那些能够促进环境保护的生态养殖技术和行为要积极推广，给予养殖户相应的鼓励政策。

同时，这种矛盾也催生了对养殖新模式或新技术的需求。根据农户行为理论，海水养殖户的生产目的主要是预期收益最大化。考虑到环境约束和政府规制行为，海水养殖户为了获取更大的生产收益，有动力寻求技术上的创新与突破，以减少环境因素对养殖活动的制约，无论是对养殖技术和养殖设备的更新使用，或者是对养殖环境污染的治理，最终能够实现海水养殖生产方式的转型变化，提高生产效率和最终产出。海水生态养殖不仅有助于解决养殖污染问题，降低海水养殖户的生产成本，还可以提高海水养殖的产量和质量，有利于提高海水养殖户的养殖预期收益，并实现环境保护的目标。

一部分养殖户主要采取传统人工方式进行海水养殖，对于技术的利用水平相对较低，环境约束下的养殖方式转型的迫切需要并没有对其实际的生产和销售行为产生影响，反而是环境污染问题日益严重对其养殖活动产生较大的影响，环境约束下小规模的海水养殖户的养殖产品质量一般，养殖收益总体不高。考虑到环境问题日益严重以及养殖收益降低的情况，海水养殖户有可能考虑减少养殖规模或者直接转产，退出该行业，最终不利于海水养殖业的健康发展；另一部分养殖户由于其经济实力较强，并且对养殖新模式、新技术有所了解，愿意投资采纳新的养殖技术，通过技术更新大大提高了养殖效率和养殖产出，同时还可能由于采用新技术，环境污染问题有所减缓，减少了环境治理成本，因此海水养殖户获得较大的养殖收益，在这种情况下，海水养殖户有意愿进一步扩大生产，并且利用新的养殖模式，取得更多的养殖收益。

（2）政府在海水养殖生态化发展过程中的作用。

海洋环境资源具备公共物品的属性，由于海洋环境资源的非排他性，人们在对环境资源消费过程中很容易产生搭便车的行为。养殖户纷纷选择无偿使用公共水域开展生产，造成生态环境的过度消费而导致环境恶化。公共海域的资源利用及环境污染问题，属于公共物品问题；养殖过程造成的环境污染同时又具有外部性特征，因此可以采用市场机制和政府干预两种途径来解决这个问题。市场机制的处理思路，就是根据科斯提出的“产权明晰”理论，明确公共海域生态环境资源的产权，从而确定公共海域具有不被污染的权力，否则造成污染者需要付费。政府干预途径就是强制要求养殖经营主体实行环境保护，不能随意排放污染，通过收税或者补贴，引导生产者不断调整养殖规模和养殖结构，以达到减少排放、保护环境的目的。比较这两种方法，公共产品天然的特征，导致对其确权本身难度较大，而且成本较高，所以政府的适当干预应该是解决海水养殖环境污染问题的主要途径。

在政府引导下，推行生态化发展是解决海水养殖外部性问题的一种重要解决方案。首先，海水生态养殖模式较之传统的养殖方式，最大的优势就是通过建立具有物种共生特征、稳定营养层级的养殖系统，将传统养殖中排放的粪便、饵料污染等变废为宝、综合利用，实现了生态学意义上的外部问题内部化。其次，海水生态养殖的产品质量安全程度更高，成品口感更好，因此在市场上价格也较高，可以大大提高养殖收益，因此对养殖户能产生一定的激励，尝试采用生态化养殖。最后，由于实行生态养殖需要资金投入和技术支持，这可能提高养殖户生产的成本，小规模的散养户无力支付，因此政府要积极推动海域使用权流转，并在此基础上实现生态养殖的规模化发展。一方面政府要在海洋生态补偿、海域使用权流转等政策上积极创新，为实现生态化养殖提供政策保障，另一方面要给予发展生态养殖的企业和养殖户一定的补贴，通过降低成本、提高收益，使养殖户在考虑环保成本与养殖收益的过程中改变经营决策，鼓励养殖户实行生态化养殖，减少养殖污染，提高养殖收益，最终真正实现外部性问题内部化，达到环境保护的目的。

虽然我国部分沿海省市已经开始尝试和推进生态化海水养殖，但规模还比较小，并且推行的深度和广度都相对不足。政府出于环境污染外部性等特点的考虑，对养殖行为采取相应的规制政策，这在一定程度上迫使海水养殖户转变养殖发展模式。同时，国家和政府的干预大体上采取经济措施、行政措施和法律手段，通过税收、罚款和补贴等手段使海水养殖的边际私人成本与社会成本接近，修正外部性，以实现环境保护和养殖生产协调发展。随着政府对海水养殖监管法规、海水产品质量安全追溯体系的不断完善，海水养殖户在保护养殖环境和生产质量安全水产品方面压力越来越大。海水养殖户在种苗购买、鱼病预防、养殖技术等方面的生态投入可以从源头上保证海水养殖产品的质量安全、实现养殖污染的“零排放”。为了推动养殖户实现生态化养殖以提高经济利益和降低养殖风险，从中央到各地各级政府也采取了补偿奖励政策，有助于激励海水养殖户进行生态投资。

（3）海水养殖业供应链主体的行为关系对养殖生态化发展的影响。

水产品供应链是“以水产品为对象，沿着水产品养殖、加工、运输和销售的流程，通过对信息流、物流和资金流进行控制，协调生产资料供应商、养殖户、水产品经营者和消费者之间的利益需求，从养殖产品的采购开始，完成水产品生产养殖、收购运输、加工分销的一系列过程[149]。”水产品供应链主要包括养殖水产品供应、水产品生产加工、仓储、物流、销售以及消费等环节，涉及的主要参与主体包括海水养殖户、水产企业（加工企业、零售企业）、消费者等[150]。其中水产企业连接着海水养殖户以及消费者，在水产品供应链中发挥着重要作用。水产品供应链各主体在行政约束下，通过正式或非正式契约和利益驱动机制相互协调，保障水产品供应链顺畅运行。协调供应链各主体行为关系，有助于促进海水养殖生态化转型发展，所谓各主体的行为是指那些对生态养殖模式产生影响的行为，包括海水养殖户采纳生态养殖模式的行为以及水产企业投资生态养殖的行为、海水养殖户以及水产企业对养殖水产品进行的质量控制和检验行为、消费者购买生态水产品的行为等。从整个水产品供应链链条来看，每个环节、每个主体的行为都会影响海水养殖业生态化转型的进程。

供应链上下游的水产企业一方面面对政策法规压力，另一方面面对来自市场的需求，因此水产企业对海水养殖产品的质量安全的要求更加严格。而海水养殖户为了确保养殖水产品质量以提高收益，也积极寻求与那些资金雄厚、拥有高新技术的水产企业合作，开展包括养殖污染物处理与转化、水产市场资讯共享、生态养殖技术指导等方面的合作[151]。常见的“企业＋养殖户”的海水养殖业组织结构中，海产品中间商或者水产加工厂既是独立于养殖户的利益主体，又是连接消费市场和养殖户的重要桥梁。在生产中，这些水产企业还为海水养殖供应生产资料、实现海水产品的市场销售；水产企业往往还是高新技术的创新者，引领行业的技术前沿，是水产养殖产业发展的重要助力。但同时，水产企业以追求利润最大化作为其所有生产经营活动的根本目的。在海水养殖生态化发展中，水产企业可以在水产品质量监测、水产品无公害加工以及水产品冷链运输等方面进行投资，水产企业投资与否影响着海水养殖产品的质量安全、生产成本以及市场需求，最终会影响养殖户的切身利益[150,152]。因此，从系统的视角，优化整个供应链过程以实现对海水养殖产品的质量控制是保障海水养殖业长远健康发展的重要内容，鼓励水产企业和海水养殖户开展深入的实质性合作是构建海水养殖产品质量安全保障体系的重要保证。

如今的海产品市场，资讯发达，消费者消费水平不断提高，绿色消费、安全消费的环保意识也深入人心，消费者对于生态、绿色水产品的需求不断扩大。海水养殖户要实现适销对路，就要在水产品质量上下功夫。实施生态化养殖模式的养殖户虽然增加了投入，产品价格较高，但是其独有的产品环境质量较高的特点获得竞争优势，这种优势可以使养殖户获得很高的利润，因此也会吸引其他的海水养殖户选择生态养殖模式。

可见，从供应链角度分析，海水养殖户是否愿意转变养殖模式以及水产企业是否愿意投资参与生态养殖是影响我国海水产品供应链中生态养殖模式转型升级的重要环节，而且对最终水产品的质量安全问题以及消费者的购买意愿产生影响。因此，从养殖户以及水产企业行为策略选择的角度展开对生态养殖模式转型问题的研究，并通过构建有效的机制协调二者的行为关系，是提升海水养殖产品质量并推动我国海水养殖业生态化发展的重要路径。

综合以上分析，海水养殖生态化发展中的各利益相关者，包括政府、水产企业、其他养殖户以及消费者的互动行为都对海水生态养殖模式转型升级产生一定的影响。以海水养殖户为微观核心主体，海水养殖户与政府在生态养殖财政补贴、技术支持、项目监督、奖励与惩罚等方面展开博弈；海水养殖户与水产企业主要在养殖产品销售、生产资料购销、技术推广、信息共享等方面进行博弈；海水养殖户与消费者之间的博弈是在海产品价格、海产品质量以及监督方面；海水养殖户之间主要是关于投资合作、争取政府支持等方面的博弈。理性的养殖主体在做出具体决策之前，会综合各主体的行为，权衡利弊，以实现个人或者家庭的利益最大化。可见，海水生态养殖发展中，养殖户与相关主体的关系对养殖户的行为有着深远而重要的影响，其中最主要的博弈关系是养殖户与养殖户、养殖户与企业、养殖户与政府、养殖户与消费者之间的关系，考虑到生态养殖产品主要通过水产企业进行出售，海水养殖户的养殖水产品则由水产企业收购较为常见，因此为使研究对象更有针对性，本书仅对养殖户与养殖户、养殖户与水产企业、养殖户与政府之间演化博弈关系进行分析。

7.1.2 海水养殖生态化发展的演化博弈分析结构

海水养殖生态化发展中的各利益相关者，包括政府、水产企业、其他养殖户以及消费者等都对海水养殖户生态养殖模式实施行为产生一定的影响。为使本章研究对象更有针对性，对养殖户与养殖户、养殖户与水产企业、养殖户与政府之间演化博弈关系进行分析。海水生态养殖模式演化博弈分析的基本结构主要包括演化博弈框架、适应度函数、演化过程和演化博弈均衡四个方面。

(1) 演化博弈框架。

以海水养殖户为主体的演化博弈框架是指海水养殖户与相关主体博弈过程中的结构和规则。现实的环境污染以及国家规制政策的愈发严格决定了海水养殖实现生态化转型发展的必然性；而海水养殖生态化过程中的相关主体通过演化博弈过程中的搜寻机制获取不完全理性的策略；其中的相关利益驱动同时也是演化博弈中各参与主体形成的重要原因。

(2) 适应度函数。

适应度函数是生物学理论和博弈论两者结合式的提法，是指在特定的演化环境中各个博弈方采取不同的策略所获得的相应支付。海水养殖生态化转型中的适应度函数表示海水养殖户与其他主要参与主体在博弈过程中采取的各种策略从而获得的收益。在博弈模型中，通过构建博弈支付矩阵描述博弈各主体的收益情况，海水养殖博弈各方正是通过在生态模式转型发展的现实中形成各自的支付情况。

（3）演化过程。

养殖生态化过程中海水养殖户演化博弈的要素主要有：惯例、搜寻和创新。海水养殖户以往的养殖经验以及生产习惯构成了他们自有的知识和技术体系，因此也对他们进一步的学习和行为决策方式产生影响。搜寻则是对惯例进行改变的机制，海水养殖户为了适应新的环境变化，对传统生产模式进行调整并形成新的养殖模式。创新则是在搜寻的基础上，通过有效学习形成的更加合理的适应性安排，这种安排往往也意味着能给自身带来更高程度的发展、对外具有更高竞争力的养殖新模式。海水养殖生态化发展演化博弈过程中涉及的主要机制是选择机制和变异机制，对应搜寻和创新概念。海水养殖生态化转型的演化过程中，选择机制是演化过程的核心机制，由于海水养殖的外在环境发生变化，导致海水养殖户对养殖技术和养殖模式重新进行筛选。另外海水养殖户对新的生态养殖模式也要进行再学习，从而形成新的认知模式，在演化博弈中实现最佳的养殖模式，实现创新转型发展。

（4）演化博弈均衡。

海水养殖户作为演化博弈的核心主体，与海水生态化发展过程中的各参与方通过博弈，实现各自利益的最大化，形成了演化稳定策略。这种演化稳定均衡亦是环境选择机制和学习创新机制共同作用产生的结果，其结果可能是海水养殖户在演化过程中通过筛选、创新、学习形成新养殖模式并成功演化；也可能是海水养殖户在演化过程中搜寻失败，沿用既有的惯例导致演化失败。

7.2 海水养殖户之间相互竞争与合作关系演变分析

7.2.1 参数设置与模型构建

海水养殖户既是生态化养殖模式学习和采纳主体，也是养殖产业中的相互竞争者和潜在合作者。基于有限理性博弈的两大群体对称模型假设，群体中成员并不是完全理性的，他们不会一开始就找到最佳策略，通常是有的养殖户选择“采纳”新的养殖模式，也有养殖户选择“不采纳”。根据博弈模型中的群体策略变化，按照海水养殖户所选择的策略差别，将不同的养殖户归入不同类型的博弈方。

博弈双方通过不断竞争和模仿，以获得最优策略，当然博弈方的学习或模仿的速度可能比较慢，海水养殖户之间相互竞争与合作关系通过渐进式的推进，慢慢向优势策略转变。为了进一步分析海水养殖户内部竞争博弈的演化发展过程，提出以下假设。

假设1：假定在双寡头市场上，有两种类型的海水养殖户，群体1是采用生态化养殖模式的海水养殖户，群体2是不采纳生态养殖模式的海水养殖户。两类群体生产相同的养殖产品，但是前者生产的养殖产品质量高于后者。

假设2：假定在市场上消费者对绿色度和质量水平不同的养殖水产品具有不同偏好。以g表示绿色度，表示产品的有毒有害物质含量、可回收性、使用能耗水平以及养殖废弃物转化利用等水平[153,154]。

假设3：R_1、R_{n1}分别表示所有的养殖户同时采纳生态养殖模式或都不采纳生态化养殖模式的一般收益，R_0、R_{n0}表示养殖户分别采用不同养殖模式的一般收益，I表示采纳了生态化养殖模式增加的投资成本。

在博弈的开始，养殖户采纳生态化养殖模式的概率为 x，不采纳生态化养殖模式的概率为 $1-x$。因此在不考虑供应链上下游企业和政府等外部主体的作用条件下，海水养殖户之间的生态化养殖模式演化收益矩阵如表 7-1 所示。

表 7-1　海水养殖户生态养殖模式演化收益矩阵

海水养殖户 1	海水养殖户 2	
	采纳（x）	不采纳（$1-x$）
采纳（x）	（R_1-I，R_1-I）	（R_0-I，R_{n0}）
不采纳（$1-x$）	（R_{n0}，R_0-I）	（R_{n1}，R_{n1}）

7.2.2　演化路径分析

根据假设条件，在博弈的开始，养殖户采纳生态化养殖模式的概率为 x，不采纳生态化养殖模式的概率则用 $1-x$ 表示。可以分别得到采纳与不采纳生态化养殖模式的期望收益以及群体平均收益：

$$U_1 = x(R_1 - I) + (1-x)(R_0 - I) \tag{7-1}$$

$$U_2 = xR_{n0} + (1-x)R_{n1} \tag{7-2}$$

$$\overline{U} = xU_1 + (1-x)U_2 \tag{7-3}$$

把签协议博弈有限理性博弈分析的复制动态思想用到这个两人对称模型博弈中，则根据上述收益可得到复制动态方程：

$$\begin{aligned}\frac{\mathrm{d}x}{\mathrm{d}t} &= F(x) = x(U_1 - \overline{U}) \\ &= x(1-x)[x(R_1 - R_0 - R_{n0} + R_{n1}) + (R_0 - I - R_{n1})]\end{aligned} \tag{7-4}$$

令 $F(x)=0$，可以得到 $x=0$，$x=1$ 或 $x^{*}=\frac{R_0-I-R_{n1}}{R_0-R_1-R_{n1}+R_{n0}}$。因此认为该复制动态可能有两个或三个稳定状态。当 $0<\frac{R_0-I-R_{n1}}{R_0-R_1-R_{n1}+R_{n0}}<1$ 时，也同时满足条件 $0\leqslant x\leqslant 1$，可以认为前面所述的复制动态存在三个稳定状态，并且这三个稳定状态都是有效的。

此时 R_0-I-R_{n1} 表示海水养殖户一方采纳生态化养殖模式与双方均不采纳生态化养殖模式的实际收益差值。$R_0-R_1-R_{n1}+R_{n0}=(R_0-I-R_{n1})-(R_1-I-R_{n0})$，其中 R_1-I-R_{n0} 表示海水养殖户双方都采纳生态化养殖模式与一方不采纳生态化养殖模式的实际收益差值。

以下对演化博弈的稳定性做讨论。

推论 1：当 $0<x^{*}<1$ 时，$R_0-R_1-R_{n1}+R_{n0}>R_0-I-R_{n1}>0$，则 $x^{*}=\frac{R_0-I-R_{n1}}{R_0-R_1-R_{n1}+R_{n0}}$ 是唯一的演化稳定策略，其演化路径如图 7-1（a）所示。公式的现实含义：海水养殖户一方采纳生态化养殖模式的收益大于双方均不采纳生态养殖模式的收益，而且双方均采取生态化养殖模式的收益小于一方采纳而另一方不采纳生态化养殖模式时的收益，则海水养殖户采纳生态化养殖模式的最佳概率是 x^{*}。这意味着如果海水养殖户采纳生态化养殖模式，其在各种既定的情况下利益关系是相对稳定的，那么如果在群体内逐渐有人开始采用了这种新模式进行养殖生产，并且一方采纳生态化养殖模式的收益大于双方均不采纳生态养殖模式的收益，则这种参与新模式的数量不断增加，一直达到概率 $x^{*}=\frac{R_0-I-R_{n1}}{R_0-R_1-R_{n1}+R_{n0}}$。如果采纳生态化养殖模式的养殖户比重超过这个水平，甚至趋近于全部的话，出现的情况是双方均采取生态化养殖模式的收益小于一方采纳而另一方不采纳生态化养殖模式时的收益，那么这时候少部分的养殖户就会放弃主动采纳生态化养殖模式，反而可能出现“搭便车”的现象，因为这时候不采纳生态化养殖模式的养殖户“搭便车”的机会和利益特别大，最后采纳生态化养殖模式的概率仍然会回到$x^*=\frac{R_0-I-R_{n1}}{R_0-R_1-R_{n1}+R_{n0}}$的均衡比例。

推论2：当$0<x^*<1$时，$R_0-R_1-R_{n1}+R_{n0}<R_0-I-R_{n1}<0$，$R_1-I-R_{n0}>0$，则$x=0$，$x=1$都是博弈的演化稳定策略，其演化路径如图7-1（b）所示，海水养殖户可能演化为都“采纳生态养殖模式”，也可能演化为都“不采纳生态养殖模式”。公式的现实含义：海水养殖户一方采纳生态化养殖模式的收益小于双方均不采纳生态养殖模式的收益，而且双方均采取生态化养殖模式的收益大于一方采纳而另一方不采纳生态化养殖模式的收益时，海水养殖户既有可能选择都采纳生态化养殖模式，也可能选择都不采纳生态化养殖模式。

推论3：当$x^*<0$时，$x^*=\frac{R_0-I-R_{n1}}{R_0-R_1-R_{n1}+R_{n0}}$不满足稳定均衡点的条件。此时，如果$R_0-R_1-R_{n1}+R_{n0}>0>R_0-I-R_{n1}$，$R_1-I-R_{n0}<0$，则$x=0$是博弈的唯一演化稳定策略，其路径演化图如7-1（c）所示，所有海水养殖户都演化为“不采纳生态化养殖模式”。公式的现实含义为：海水养殖户一方采纳生态化养殖模式的收益小于双方均不采纳生态养殖模式的收益，而且双方均采取生态化养殖模式的收益小于一方采纳而另一方不采纳生态化养殖模式的收益时，所有的养殖户都会选择不采纳生态化养殖模式。在这种情况下也就意味着即使在群体中出现了个别的养殖户采纳生态化养殖模式，也会很快消失。

推论4：当 $x^* > 1$ 时，$x^* = \frac{R_0 - I - R_{n1}}{R_0 - R_1 - R_{n1} + R_{n0}}$ 不满足稳定均衡点的条件。此时如果 $R_0 - I - R_{n1} > R_0 - R_1 - R_{n1} + R_{n0} > 0$，$R_1 - I - R_{n0} > 0$，则 $x=1$ 是博弈的唯一演化稳定策略，其路径演化图如图7-1（d）所示，所有海水养殖户都演化为采纳生态养殖模式。公式的现实含义为：海水养殖户一方采纳生态化养殖模式的收益大于双方均不采纳生态养殖模式的收益，而且双方均采取生态化养殖模式的收益大于一方采纳而另一方不采纳生态化养殖模式的收益时，所有的养殖户都会选择采纳生态化养殖模式。这种情况往往发生在采纳生态化养殖模式的水产品市场销路更好，收益更多，并且生态化养殖所需增加的投资成本不高的条件下，那么海水养殖户更有积极性实现养殖模式的改进和创新。

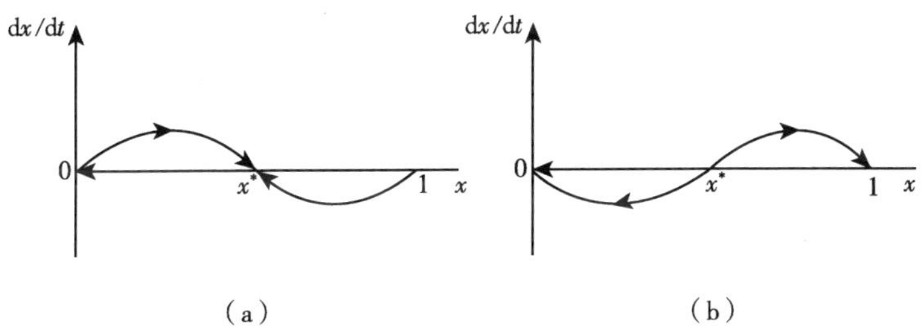

（a）　　（b）

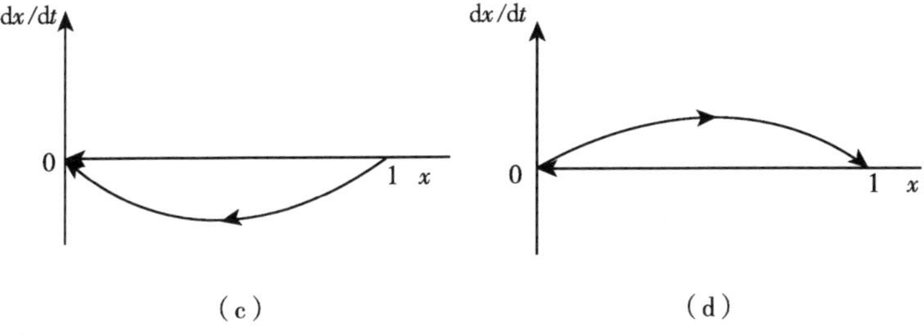

（c）　　（d）

图7-1　海水养殖户生态养殖模式演化路径

7.2.3 模型结论分析

上文通过两人对称演化博弈模型分析了海水养殖户群体之间在采纳与不采纳生态化养殖模式时的演化情况。一方面迫于传统养殖造成的海水养殖环境污染的压力，海水养殖户具有实行养殖模式转变的迫切需要；另一方面来自市场消费者对水产品质量安全问题的关注和对高绿色度产品的消费需求，也是促使海水养殖产业实行革命性的生产方式转变的重要因素。这双重压力对海水养殖产业的发展提出了更高要求，海水养殖户作为生产主体则要衡量其中的风险和收益以做出合理的决策。

通过模型的分析可以发现，一方面，所有海水养殖户都演化为采纳生态养殖模式的情况往往发生在采纳生态化养殖模式的水产品市场销路更好，收益更多，并且生态化养殖所需增加的投资成本不高的条件下，此时海水养殖户更有积极性实现养殖模式的改进和创新。另一方面，关于生态化养殖模式转变过程中存在“搭便车”的现象，如果双方均采取生态化养殖模式的收益小于一方采纳而另一方不采纳生态化养殖模式的收益时，少部分的养殖户就会放弃主动采纳生态化养殖模式，反而可能出现“搭便车”的现象，因为这时候不采纳生态化养殖模式的养殖户“搭便车”的机会和利益特别大，这也会在一定程度上降低海水养殖户采纳生态化养殖模式的概率。

因此，为了更好地实现海水养殖户的生态养殖水产品与市场安全、高效地对接，并尽量降低海水养殖户在实现生态化养殖模式过程中的风险和成本，实现收益的大幅度增加，考虑引入水产品供应链上的水产企业，实现包括养殖生产资料采购、水产品销售、水产品绿色加工、生态养殖技术指导等方面的合作，同时也要考虑政府机构的政策效应，减少“搭便车”现象，实现真正意义上的海水养殖生产方式转变。

7.3 供应链视角下海水生态养殖模式转变的演化博弈分析

7.3.1 参数设置与模型构建

海水生态养殖有助于提高养殖效率，有助于提升海水产品质量安全水平，同时也可能提高养殖成本和技术投入，我国大部分海水养殖户长期存在资金和技术瓶颈，因此往往会选择投资较少、成本较低的小规模、粗放式养殖模式。而水产企业虽然希望获得有保证、高质量的海水养殖产品，但是受到资金、技术和制度的约束，以及考虑养殖风险问题，很多水产企业在决策时比较保守，他们会选择和养殖户签订购销合同来收购海水产品，而不是投资生态化海洋牧场、生态化养殖池塘等基础设施以及其他生态养殖技术创新或推广，生态养殖转型过程中产生的巨大的风险以及大额成本都由海水养殖户负担。我国水产养殖户一般规模较小，抵抗风险能力弱，如果生态化养殖中出现了损失，他们容易放弃生态化养殖而继续采用普通养殖模式或者直接转行，不再从事海水养殖生产。可见，海水养殖户和水产企业对生态养殖的投资态度对我国海水养殖生态化转型起着重要的影响作用，而且直接作用于海水产品质量安全问题。

本节以海水养殖户和水产企业实现海水生态养殖模式转变的过程为研究对象，分析海水养殖户和水产企业的不同行为策略情况并且探讨海水养殖生态化转型问题，在此基础上考虑构建适合的机制，以促进海水养殖户与水产企业行为关系的和谐发展，最终推动我国海水养殖产业养殖模式循序渐进地转型升级。

假设海水养殖户为水产企业提供养殖水产品，可以选择与水产企业建立合约或进入水产企业所建立的海洋生态牧场，采用生态养殖方式科学养殖，提供优质、生态水产品；或者拒绝生态化养殖模式，继续原来普通的养殖方式。水产企业的经营首先要从海水养殖户那里收购水产品，因此为了保证水产品质量安全，水产企业可以投资建设海洋生态牧场，对海产品实行源头控制，具体做法包括投资建设基础设施以及配套设备，监督管理养殖过程，加强对海产品源头的监管和控制；也可以选择继续采取原有的模式收购养殖户的养殖产品，而不投资建设海洋生态牧场或海水生态养殖配套设备等[155,156]。

基于海水养殖户和水产企业两大群体的演化博弈模型相关假设及参数设置如下文，并且为了简化模型，下文所指的成本、价格、收益等指标均采用单位值，以下不再赘述。

假设1：市场中有两个非对称群体，一是海水养殖户，二是水产企业。海水养殖户可采取的行动集合为｛采纳生态化养殖模式，不采纳生态化养殖模式｝；水产企业可实施的行动集合为｛投资生态化养殖管理，不投资生态化养殖管理｝。

假设2：生态化养殖和普通养殖的水产品养殖成本不同，海水养殖户采纳生态化养殖模式将产生额外的成本；水产企业支持和投资海水生态化养殖也要产生额外的投资成本。假设 I_0 和 C_0 表示海水养殖户和水产企业均不采用和不投资生态化养殖模式产生的单位成本，I_1 和 C_1 表示海水养殖户和水产企业均采用和投资生态化养殖模式产生的单位成本，并且 $I_1>I_0>0$，$C_1>C_0>0$。

假设3：不论海水养殖户或者水产企业采取了什么策略选择，这个选择行为都会对对方的收益或者成本发生作用。当海水养殖户采用生态化养殖模式，而水产企业不参与投资生态化养殖时，养殖户需要付出更高的成本 I_2，$I_2>I_1>I_0$。当水产企业支持和投资生态化养殖，但是海水养殖户不采用生态化养殖模式时，企业的超额收益并不能实现。

假设4：海水养殖户的支付函数由产品销售收益及总成本决定；水产企业的支付函数同样由其收入和成本共同决定。假设在普通养殖模式下，海水养殖水产品的单位收购价格为 z_0，则海水养殖户不采纳生态化养殖模式产生的单位收益为 $R_0=Z_0-I_0$；实行了生态化养殖之后，由于在养殖技术、管理方法以及养殖生态环境等方面的进步和改善，使得海水养殖产品的质量水平上升，水产品的单位收购价格为 z_1，则海水养殖户采纳生态化养殖模式产生的收益为 $R_1=Z_1-I_1$，假设 $Z_1>Z_0>0$。

假设5：生态化养殖的海产品和普通养殖的海产品市场价格不同，生态化养殖海产品的价格要高于普通养殖海产品的价格，以水产企业为中间商的供应链模式下，普通养殖的海产品在市场上的每单位售价为 p_0，水产企业不投资生态化养殖，因此取得单位收益为 $\pi_0=P_0-Z_0-C_0$。海水养殖户实行生态化养殖模式，水产企业投资生态化养殖管理，经过一系列的技术和管理的改进，在海产品进入消费市场之前，实现了增值，同时秉承生态化发展的水产企业也因此获得较好的声誉，形成了一定的品牌价值。因此，在双方均参与生态化养殖发展的情况下，水产品的单位售价 P_1，水产企业取得的单位收益为 $\pi_1=P_1-Z_1-C_1$。如果海水养殖户采纳了生态化养殖模式，而水产企业没有支持或投资生态化养殖的情况下，没有相应的绿色加工，海产品进入消费市场前的增值较小，此时海产品的市场售价是 P_2，水产企业取得单位收益为 $\pi_2=P_2-Z_1-C_0$；并假设 $P_1>P_2>P_0>0$。

R_0：海水养殖户不采用生态化养殖的收益。

R_1：海水养殖户采用生态化养殖的收益。

π_0：水产企业不投资生态化养殖的收益。

π_1：企业支持投资生态化养殖的收益。

π_2：海水养殖户采纳生态化养殖，而企业不投资生态化养殖时企业的收益。

I_0：海水养殖户不采纳生态化养殖的成本。

I_1：水产企业投资生态化养殖时，海水养殖户采用生态化养殖的成本。

I_2：水产企业不投资生态化养殖而海水养殖户采用生态化养殖时的成本。

C_0：企业不投资生态化养殖的投资成本。

C_1：企业支持投资生态化养殖的投资成本。

p_0：普通养殖的水产品在市场上的出售价格。

P_1：投资生态养殖的企业出售生态养殖水产品的价格 P_1。

P_2：未投资生态化养殖的水产企业出售生态养殖水产品的价格。

假设海水养殖户采用生态化养殖模式的概率为 x，则不采用生态化养殖模式的概率为 $1-x$；假设水产企业支持投资生态化养殖模式的概率为 y，选择不投资的概率为 $1-y$。海水养殖户与水产企业生态化养殖模式演化策略组合如表 7-2 所示。

表 7-2 海水养殖户与水产企业生态养殖模式演化收益矩阵

养殖户策略	水产企业策略	
	投资（y）	不投资（$1-y$）
采纳（x）	（Z_1-I_1，$P_1-Z_1-C_1$）	（Z_1-I_2，$P_2-Z_1-C_0$）
不采纳（$1-x$）	（Z_0-I_0，$P_0-Z_0-C_1$）	（Z_0-I_0，$P_0-Z_0-C_0$）

7.3.2 模型的复制动态分析

根据上文中海水养殖户和水产企业的演化收益矩阵图，进一步分析两者博弈的进化稳定策略问题。

假设两个复制动态方程为0，解得此时复制系统的局部平衡点。

对于海水养殖户来说，选择采纳生态化养殖模式和普通养殖的收益为：

$$\begin{aligned} u_{1x} &= y(Z_1 - I_1) + (1 - y)(Z_1 - I_2) \\ &= y(I_2 - I_1) + Z_1 - I_2 \end{aligned} \tag{7-5}$$

$$u_{2x} = y(Z_0 - I_0) + (1 - y)(Z_0 - I_0) = Z_0 - I_0 \tag{7-6}$$

因此，作为生态化养殖模式潜在采纳者的海水养殖户的混合策略期望收益为：

$$\overline{U_x} = xU_{1x} + (1 - x)U_{2x} \tag{7-7}$$

对于水产企业来说，在海水生态化养殖模式推广过程中选择投资和不投资的混合策略的收益为：

$$U_{1y} = x(P_1 - Z_1 - C_1) + (1 - x)(P_0 - Z_0 - C_1) \tag{7-8}$$

$$U_{2y} = x(P_2 - Z_1 - C_0) + (1 - x)(P_0 - Z_0 - C_0) \tag{7-9}$$

因此，作为海水养殖模式生态转变的重要推动者，水产企业的混合策略期望收益为：

$$\overline{U_y} = yU_{1y} + (1 - y)U_{2y} \tag{7-10}$$

综上所述，可得供应链视角下海水生态化养殖模式推广系统的演化复制动态方程为：

$$\begin{cases} F(x) = \dfrac{\mathrm{d}x}{\mathrm{d}t} = x(1 - x)[y(I_2 - I_1) + (Z_1 - I_2 - Z_0 + I_0)] \\ F(y) = \dfrac{\mathrm{d}y}{\mathrm{d}t} = y(1 - y)[x(P_1 - P_2) - (C_1 - C_0)] \end{cases} \tag{7-11}$$

令$\frac{dx}{dt}=0$，$\frac{dy}{dt}=0$，可以得到五个复制动态稳定点：(0，0)、(0，1)、(1，0)、(1，1) 和 (x^*，y^*)，其中当 $0<\frac{C_1-C_0}{P_1-P_2}$，$\frac{Z_1-I_2-Z_0+I_0}{I_1-I_2}<1$ 时，$x^*=\frac{C_1-C_0}{P_1-P_2}$，$y^*=\frac{Z_1-I_2-Z_0+I_0}{I_1-I_2}$。

7.3.3 演化博弈系统的局部稳定性分析

由于系统的平衡点不一定是演化稳定策略（ESS），根据 Fridman 提出的方法，通过求解微分方程系统的雅克比矩阵及其局部稳定性，可以进一步推导该群体动态均衡点的稳定性[157]。

按此方法分析海水养殖户和水产企业群体演化博弈的进化稳定策略，可得针对系统的雅克比矩阵：

$$J=\begin{bmatrix}(1-2x)[y(I_2-I_1)+(Z_1-I_2-Z_0+I_0)] & x(1-x)(I_2-I_1)\\ y(1-y)(P_1-P_2) & (1-2y)[x(P_1-P_2)-(C_1-C_0)]\end{bmatrix} \tag{7-12}$$

矩阵 $\boldsymbol{J}$ 的行列式表示为：

$$\begin{aligned}\text{Det}\,\boldsymbol{J}=&(1-2x)(1-2y)[y(I_2-I_1)+(Z_1-I_2-Z_0+I_0)]\\&[x(P_1-P_2)-(C_1-C_0)]-x(1-x)(I_2-I_1)\\&y(1-y)(P_1-P_2)\end{aligned} \tag{7-13}$$

矩阵 $\boldsymbol{J}$ 的迹表示为：

$$\begin{aligned}\text{Tr}\,\boldsymbol{J}=&(1-2x)[y(I_2-I_1)+(Z_1-I_2-Z_0+I_0)]\\&+(1-2y)[x(P_1-P_2)-(C_1-C_0)]\end{aligned} \tag{7-14}$$

当收益矩阵的矩阵元在满足不同条件时，系统存在不同的均衡状态。当雅克比矩阵的行列式 Det $\boldsymbol{J}$ 为正，并且迹 Tr $\boldsymbol{J}$ 为负，那么可以判定该点存在局部稳定性，如果行列式 Det $\boldsymbol{J}$ 和迹 Tr $\boldsymbol{J}$ 都为正值，则认为该点是不稳定点（表 7-3）。

表 7-3 养殖户—水产企业博弈模型平衡点对应的矩阵行列式和迹的表达式

平衡点	行列式 Det $\boldsymbol{J}$	迹 Tr $\boldsymbol{J}$
(0,0)	$-(C_1-C_0)(Z_1-I_2-Z_0+I_0)$	$(Z_1-I_2-Z_0+I_0)-(C_1-C_0)$
(0,1)	$(C_1-C_0)(Z_1-I_1-Z_0+I_0)$	$(Z_1-I_1-Z_0+I_0)+(C_1-C_0)$
(1,0)	$-(Z_1-I_2-Z_0+I_0)$ $[(P_1-P_2)-(C_1-C_0)]$	$-(Z_1-I_2-Z_0+I_0)+$ $[(P_1-P_2)-(C_1-C_0)]$
(1,1)	$(Z_1-I_1-Z_0+I_0)$ $[(P_1-P_2)-(C_1-C_0)]$	$-(Z_1-I_1-Z_0+I_0)-$ $[(P_1-P_2)-(C_1-C_0)]$
(x^*,y^*)	$(C_1-C_0)(Z_1-I_2-Z_0+I_0)$ $\left(1-\dfrac{C_1-C_0}{P_1-P_2}\right)^*$ $\left(1-\dfrac{Z_1-I_2-Z_0+I_0}{I_1-I_2}\right)$	0

结论 1：当 $Z_1-I_2-Z_0+I_0>0$，$Z_1-I_1-Z_0+I_0>0$，$(P_1-P_2)-(C_1-C_0)<0$（条件Ⅰ）时，此时复制系统有四个平衡点 E1(0，0)，E2(0，1)，E3(1，0)，E4(1，1)，根据局部稳定分析法对均衡点进行稳定性分析，E3(1，0) 是稳定的节点，各点的行列式值结果如表 7-4 所示。

表 7-4 满足条件Ⅰ时系统局部稳定性分析

平衡点	det $\boldsymbol{J}$ 符号	tr $\boldsymbol{J}$ 符号	局部稳定性
$x=0$，$y=0$	<0	?	鞍点
$x=0$，$y=1$	>0	>0	不稳定点
$x=1$，$y=0$	>0	<0	ESS
$x=1$，$y=1$	<0	?	鞍点

注：? 表示可能为正也可能为负。

结论 2：当 $Z_1-I_2-Z_0+I_0<0$，$Z_1-I_1-Z_0+I_0>0$，$(P_1-P_2)-(C_1-C_0)<0$（条件Ⅱ）时，此时复制系统有四个平衡点 E1(0，0)，E2(0，1)，E3(1，0)，E4(1，1)，其中 E1(0，0) 是稳定的节点，各点的行列式值如表 7-5 所示。

表 7-5　满足条件Ⅱ时系统局部稳定性分析

平衡点	det J 符号	tr J 符号	局部稳定性
$x=0$，$y=0$	>0	<0	ESS
$x=0$，$y=1$	>0	>0	不稳定点
$x=1$，$y=0$	<0	?	鞍点
$x=1$，$y=1$	<0	?	鞍点

注：? 表示可能为正也可能为负。

结论 3：当 $Z_1-I_2-Z_0+I_0<0$，$Z_1-I_1-Z_0+I_0<0$，$(P_1-P_2)-(C_1-C_0)<0$（条件Ⅲ）时，此时复制系统有四个平衡点 E1(0，0)，E2(0，1)，E3(1，0)，E4(1，1)，其中 E1(0，0) 是稳定的节点，各点的行列式值如表 7-6 所示。

表 7-6　满足条件Ⅲ时系统局部稳定性分析

平衡点	det J 符号	tr J 符号	局部稳定性
$x=0$，$y=0$	>0	<0	ESS
$x=0$，$y=1$	<0	?	鞍点
$x=1$，$y=0$	<0	?	鞍点
$x=1$，$y=1$	>0	>0	不稳定点

注：? 表示可能为正也可能为负。

结论 4：当 $Z_1-I_2-Z_0+I_0<0$，$Z_1-I_1-Z_0+I_0<0$，$(P_1-P_2)-(C_1-C_0)>0$（条件Ⅳ），此时复制系统有四个平衡点 E1(0，0)，E2(0，1)，E3(1，0)，E4(1，1)，其中 E1(0，0) 是稳定的节点，各点的行列式值如表 7-7 所示。

表 7-7 满足条件Ⅳ时系统局部稳定性分析

平衡点	det **J** 符号	tr **J** 符号	局部稳定性
$x=0$，$y=0$	>0	<0	ESS
$x=0$，$y=1$	<0	?	鞍点
$x=1$，$y=0$	>0	>0	不稳定点
$x=1$，$y=1$	<0	?	鞍点

注：? 表示可能为正也可能为负。

结论 5：当 $Z_1-I_2-Z_0+I_0>0$，$Z_1-I_1-Z_0+I_0>0$，$(P_1-P_2)-(C_1-C_0)>0$（条件Ⅴ），此时复制系统有四个平衡点分别是 E1(0，0)，E2(0，1)，E3(1，0)，E4(1，1)，并且 E4(1，1) 是稳定节点，E2(0，1) 是不稳定节点，E1 和 E3 都是鞍点。各点的行列式值如表 7-8 所示。

表 7-8 满足条件Ⅴ时系统局部稳定性分析

平衡点	det **J** 符号	tr **J** 符号	局部稳定性
$x=0$，$y=0$	<0	?	鞍点
$x=0$，$y=1$	>0	>0	不稳定点
$x=1$，$y=0$	<0	?	鞍点
$x=1$，$y=1$	>0	<0	ESS

注：? 表示可能为正也可能为负。

结论 6：当 $Z_1-I_2-Z_0+I_0<0$，$Z_1-I_1-Z_0+I_0>0$，$(P_1-P_2)-(C_1-C_0)>0$（条件Ⅵ），此时复制系统有五个平衡点 E1（0，0），E2（0，1），E3（1，0），E4（1，1），E5(x^*，y^*)，其中 $x^*=\dfrac{C_1-C_0}{P_1-P_2}$，$y^*=\dfrac{Z_1-I_2-Z_0+I_0}{I_1-I_2}$。其中点 E1(0，0) 和点 E4(1，1) 为稳定的节点，E2(0，1) 和 E3(1，0) 为不稳定的节点，各点的行列式值如表 7-9 所示。

表 7-9　满足条件Ⅵ时系统局部稳定性分析

平衡点	det J 符号	tr J 符号	局部稳定性
$x=0$，$y=0$	>0	<0	ESS
$x=0$，$y=1$	>0	>0	不稳定点
$x=1$，$y=0$	>0	>0	不稳定点
$x=1$，$y=1$	>0	<0	ESS
x^*，y^*	<0	?	鞍点

注:? 表示可能为正也可能为负。

7.3.4　养殖模式转变演化路径分析

根据演化博弈系统的局部稳定性分析结果，进一步讨论海水生态化养殖模式转变的演化路径。其中 $Z_1-I_1-Z_0+I_0$ 表示水产企业投资生态化养殖情况下，海水养殖户采纳生态化养殖模式取得的可能的超额利润，$Z_1-I_2-Z_0+I_0$ 表示水产企业不投资生态养殖的情况下，海水养殖户选择采纳生态化养殖模式取得的可能的超额利润。$P_1-Z_1-C_1-(P_2-Z_1-C_0)=(P_1-P_2)-(C_1-C_0)$ 表示在海水养殖户选择采纳生态化养殖的情况下，水产企业投资生态化养殖得到的可能的超额利润，$P_0-Z_0-C_1-(P_0-Z_0-C_0)=-(C_1-C_0)$表示在海水养殖户选择不采纳生态化养殖的情况,水产企业投资生态化养殖得到的可能的超额利润。

(1) 当 $Z_1-I_2-Z_0+I_0>0$，$Z_1-I_1-Z_0+I_0>0$，$(P_1-P_2)-(C_1-C_0)<0$(条件Ⅰ) 时。

此时系统存在纯策略均衡 E3(1，0)，即海水养殖户选择采纳策略，而水产企业选择不投资策略。演化路径的相位图如图 7-2 所示。无论一开始海水养殖户和水产企业采纳或是投资生态养殖的比例是多少，当水产企业发现投资生态化养殖得到的超额利润为负值，则水产企业就选择放弃投资生态养殖；此时海水养殖户如果继续采用生态化养殖模式，将增加投资成本，在水产企业不投资生态养殖模式的情况下，海水养殖户选择采纳生态化养殖模式取得的超额利润如果仍然为正，那么海水养殖户会继续采用生态化养殖模式，则系统演化最终收敛到E3(1，0)。

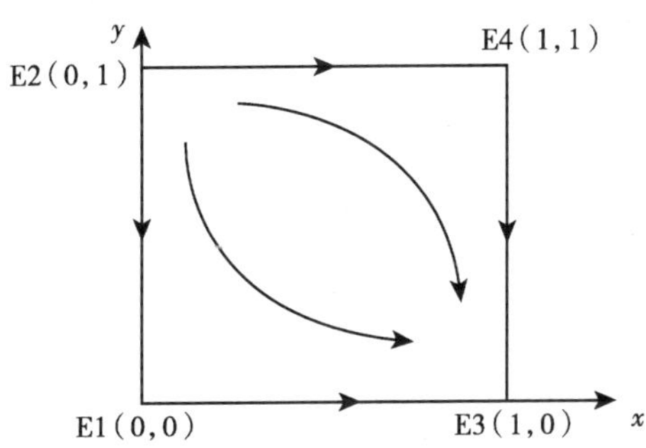

图 7-2 满足条件Ⅰ时，海水养殖户与水产企业博弈的动态相位

(2) 当 $Z_1-I_2-Z_0+I_0<0$，$Z_1-I_1-Z_0+I_0>0$，$(P_1-P_2)-(C_1-C_0)<0$(条件Ⅱ) 时。

此时系统存在纯策略均衡 E1(0，0)，即企业选择不投资策略，养殖户选择不采纳策略。演化路径的相位图如图 7-3。

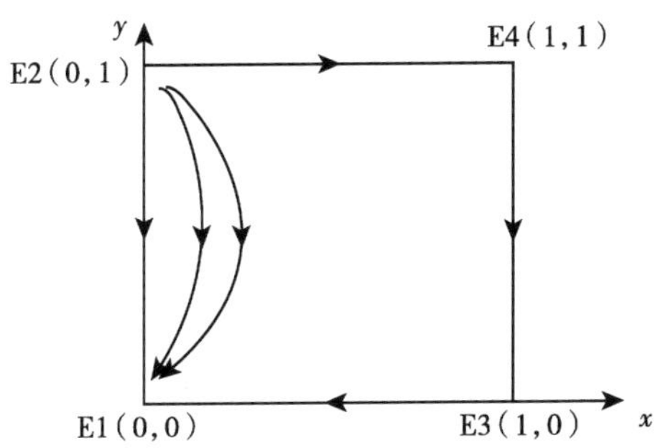

图 7-3 满足条件Ⅱ时，海水养殖户与水产企业博弈的动态相位

不论一开始海水养殖户以及水产企业采纳或投资生态化养殖的概率是多少，当水产企业发现投资生态化养殖得到的超额利润为负，那么水产企业就会放弃投资海水生态养殖，这时候海水养殖户如果继续采纳生态养殖模式，那么将承担更高的投入成本，如果成本过高，导致海水养殖户采纳生态化养殖的超额利润为负，这种情况下，海水养殖户也会选择放弃生态养殖而选择普通养殖模式。

（3）当 $Z_1-I_2-Z_0+I_0<0$，$Z_1-I_1-Z_0+I_0<0$，$(P_1-P_2)-(C_1-C_0)<0$（条件Ⅲ）时。

此时系统存在纯策略均衡 E1(0，0)，即企业选择不投资策略，养殖户选择不采纳策略。演化路径的相位图如图 7－4 所示，无论一开始海水养殖户和水产企业采纳或投资生态化养殖的比例是多少，当海水养殖户采纳生态化养殖模式的超额利润为负，水产企业发现投资生态化养殖得到的超额利润为负，则海水养殖户和水产企业都会放弃投资生态化养殖，系统演化收敛到 E1(0，0)。

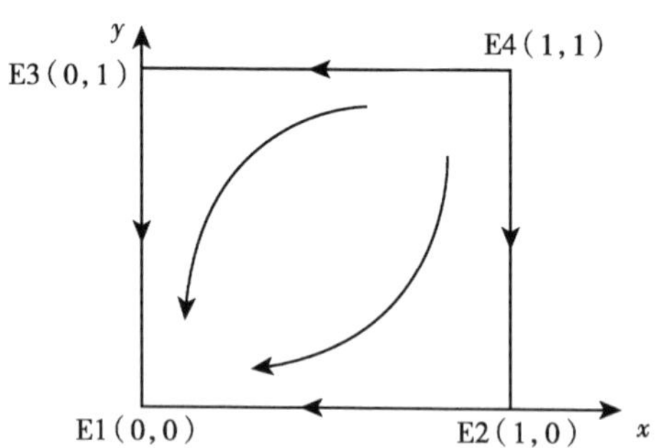

图 7－4　满足条件Ⅲ时，海水养殖户与水产企业博弈的动态相位

（4）当 $Z_1-I_2-Z_0+I_0<0$，$Z_1-I_1-Z_0+I_0<0$，$(P_1-P_2)-(C_1-C_0)>0$（条件Ⅳ）时。

此时系统存在纯策略均衡 E1(0，0)，即海水养殖户选择不采纳策略，水产企业选择不投资策略。演化路径的相位图如图 7-5 所示，无论一开始海水养殖户和水产企业采纳或投资生态化养殖的概率多大，如果海水养殖户认识到采纳生态化养殖模式获得的收益比普通养殖模式下的收益小，海水养殖户就会放弃采用生态化养殖而转为普通养殖模式，此时水产企业不论利润如何都会随着放弃投资生态养殖，最终系统演化收敛到 E1(0，0)。可能有某些水产企业实力雄厚，平均成本较低，并且致力于投资生态化养殖，促进水产养殖和加工行业健康绿色发展，但是由于海水养殖户生产规模较小，养殖成本高，对生态化养殖技术不了解，有一定投机行为，因此更愿意维持普通养殖的现状而不采纳生态养殖模式，最终的结果是演化为养殖户不采纳生态养殖，水产企业不投资策略。

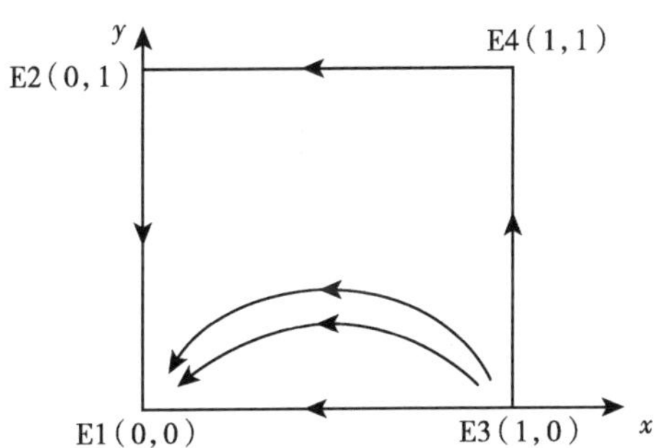

图 7-5 满足条件Ⅳ时，海水养殖户与水产企业博弈的动态相位

(5) 当 $Z_1-I_2-Z_0+I_0>0$，$Z_1-I_1-Z_0+I_0>0$，$(P_1-P_2)-(C_1-C_0)>0$(条件Ⅴ) 时。

此时系统存在纯策略均衡 E4(1，1)，即海水养殖户选择采纳策略，水产企业选择投资策略。演化路径的相位图如图 7-6所示，无论一开始海水养殖户和水产企业采纳或投资生态化养殖的概率多大，如果海水养殖户观察到采纳生态化养殖模式获得的收益要高于普通养殖模式下的收益，海水养殖户就会选择采用生态化养殖而放弃普通养殖模式，而水产企业投资生态化养殖的利润要高于不投资生态养殖的利润，最终系统演化收敛到 E1(1，1)。在一些海水养殖业发达的区域，海水养殖户的环保意识较强，对生态养殖技术比较了解，并且养殖规模相对较大、投资资金较为雄厚，因此他们愿意采纳生态化养殖模式，并且收益为正，此时水产企业投资生态养殖的收益会超过不投资生态养殖的收益，因此，水产企业也选择投资生态养殖，系统最终演化为 E4(1，1)。

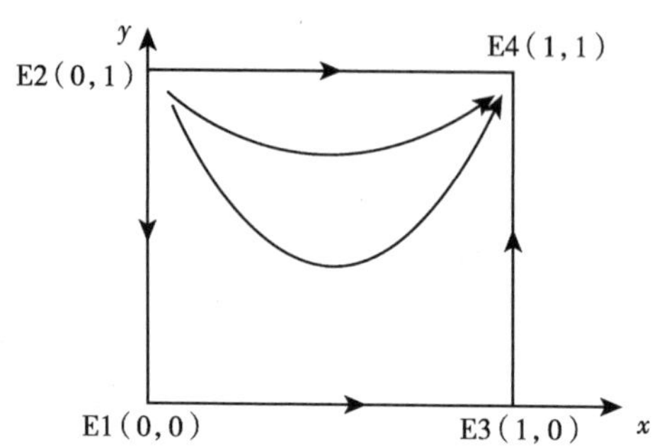

图 7－6　满足条件Ⅴ时，海水养殖户与水产企业博弈的动态相位

(6) 当 $Z_1-I_2-Z_0+I_0<0$，$Z_1-I_1-Z_0+I_0>0$，$(P_1-P_2)-(C_1-C_0)>0$(条件Ⅵ) 时。

演化路径的相位图如图 7－7 所示，此时系统存在两种可能的均衡状态，分别是 E1(0，0) 和 E4(1，1)。由两个不稳定的均衡点 E2，E3 及鞍点 E5 连成的折线可以看成系统收敛于不同状态的零界线。初始状态在 A，C 区域时，系统将收敛于（0，0）点，即企业选择不投资策略，养殖户选择不采纳策略。当初始状态在 B，D 区域时，系统将收敛于（1，1）点，即企业选择投资策略，养殖户选择采纳策略。因此，当 A，C 的区域面积较大时，系统最终收敛于（0，0）点的概率较大，反之，则收敛于（1，1）点的概率较大。生态化养殖可以保护养殖环境，减少养殖污染，从而提高养殖水产品的绿色度和质量，而水产企业投资海水生态养殖，有利于减少费用成本，提高产品附加值和销售量，长期致力于投资生态养殖的水产企业还可以提高其在业内的影响力和品牌价值。因此海水养殖户和水产企业都有动力采纳和投资生态化养殖。但是实行生态化养殖受到养殖成本、加工成本、技术更新、收购价格、市场需求和销售价格等各方面的影响，养殖户和水产企业也可能选择不采纳、不投资生态化养殖。

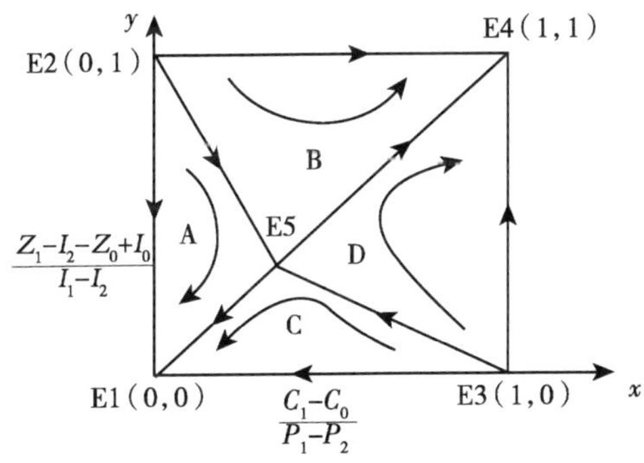

图 7－7　满足条件Ⅵ时，海水养殖户与水产企业博弈的动态相位

7.3.5　养殖模式转变演化路径的影响因素分析

如图 7－7 所示，系统存在两种可能的均衡状态，分别是 E1(0，0) 和 E4(1，1)，而博弈的初始条件以及支付矩阵中的各种参数及其变化情况，对演化的最终情况将会产生决定性作用，计算可得四边形的面积 $S_{E2435}=\frac{1}{2}(1-x^{*})+\frac{1}{2}(1-y^{*})=1-\frac{1}{2}\left(\frac{C_1-C_0}{P_1-P_2}\right)-\frac{1}{2}\left(\frac{Z_1-I_2-Z_0+I_0}{I_1-I_2}\right)$。以下讨论四边形面积的变化，依次讨论各参数对演化路径的影响[158]。

（1）海水生态养殖水产品收购价格为 z_1，普通养殖的水产品的收购价格为 z_0。

在其他条件不变的情况下，对区域面积 S_{E2435} 求关于 Z_1 和 Z_0 的导数，得到 $S'(Z_1)>0$，$S'(Z_0)<0$，由此可知，采用生态养殖所获得的水产品收购价格越大，而普通养殖水产品的收购价格越小，系统收敛到演化稳定点（1，1）的概率最大，即海水养殖户采纳生态化养殖的动机越强，反之则反然。现实的含义是：如果海水养殖户实行生态化养殖，水产品质量提高，收购价格上升，因而获得更多的收益，而普通养殖的水产品收购价格则相对越小，那么海水养殖户采纳生态化养殖模式的概率就越大。

（2）投资生态养殖企业出售生态养殖水产品价格为 P_1，未投资生态化养殖的水产企业出售生态养殖水产品的价格为 P_2。

在其他条件不变的情况下，对区域面积 S_{E2435} 求关于 P_1，P_2 的导数，得到 $S'(P_1)>0$，$S''(P_1)<0$，说明投资生态养殖的水产企业出售产品的价格越大，系统收敛到（1，1）的概率越大，并且存在一个 P_1，使 S_{E2435} 得到最大值，这也意味着系统收敛到（1，1）的概率达到最大。$S'(P_2)<0$，$S''(P_2)<0$，由此可知，未投资生态化养殖的水产企业出售生态养殖水产品的价格 P_2 越小，系统收敛到演化稳定点（1，1）的概率越大。P_2 对系统演化的路径如下：海水养殖户采用生态化养殖模式的情况下，P_2 越高，则水产企业越会选择不投资生态化养殖，那么在这种情况下，海水养殖户的生态养殖成本则逐渐提高，最终，海水养殖户和水产企业选择不采纳和不投资生态化养殖模式的概率就很大。

（3）水产企业投资生态化养殖的成本为 C_1，水产企业不投资生态化养殖的成本为 C_0。

在其他条件不变的情况下，对区域面积 S_{E2435} 求关于 C_1，

C_0 的导数，得到 $S'(C_1)<0$，$S'(C_0)>0$，这意味着水产企业投资生态养殖的成本越小，系统收敛到演化稳定点（1，1）的概率越大。水产企业不投资生态化养殖的情况下，企业正常的成本 C_0 越大，系统收敛到演化稳定点（1，1）的概率越大，这可能是因为企业正常的运营总成本越大，企业的规模越大，因此其更有能力投资生态化养殖；或者是由于企业在当前的生产经营中的成本较大，考虑投资新的生产模式，比如投资生态养殖，来降低成本提高收益。

（4）海水养殖户采纳生态化养殖的成本为 I_1，企业不投资生态化养殖而海水养殖户采用生态化养殖时的成本为 I_2。

在其他条件不变的情况下，对区域面积 S_{E2435} 求关于 I_1，I_2 的导数。当 $Z_1-I_2-Z_0+I_0>0$，$S'(I_1)>0$，$S''(I_1)<0$；若 $Z_1-I_2-Z_0+I_0<0$，$S'(I_1)<0$，$S''(I_1)>0$。这说明如果水产企业不支持生态化养殖的情况下，如果海水养殖户采纳生态养殖模式取得的收益超过不采纳生态养殖的收益，那么即使采纳生态化养殖增加的投资提高，系统收敛到演化稳定点(1，1)的概率也会增加，反之，则系统收敛到演化稳定点(1，1)的概率会减小。系统的演化路径如下：海水养殖户和水产企业都采纳和投资生态化养殖模式，水产企业投资生态养殖设施、加大绿色技术创新、建设海洋生态牧场、建立生态养殖标准、加强生态品牌营运等，导致成本提高；如果水产企业考虑不投资生态养殖，此时海水养殖户继续采用生态化养殖模式，成本进一步提高（从 $I_1 \rightarrow I_2$），但是只要海水养殖户采纳生态养殖模式取得的收益超过不采纳生态养殖的收益，那么生态养殖模式仍然是海水养殖户的优选方案。直到海水养殖户不采纳生态养殖的收益超过其采纳生态养殖模式取得的收益，这时随着成本的不断增加，海水养殖户也会放弃生态养殖模式，最终系统的演化路径是（1，1)→(1，0)→(0，0)。

当 $(Z_1-I_1)-(Z_0-I_0)>0$ 时，$S'(I_2)<0$，$S''(I_2)>0$，这意味着在海水养殖户采用生态养殖模式的情况下，在 I_2 的取值范围内存在一个值使得 S_{E2435} 取得极大值，水产企业不投资生态化养殖，则海水养殖户的投资成本越小，那么系统收敛到演化稳定点（1，1）的概率越大。现实含义是：企业不投资生态化养殖，海水养殖户承担更多的成本，如果这个成本足够小，那么海水养殖户会考虑继续采纳生态化养殖的模式，但是，如果 I_2 的值太大，那么从理性的角度考虑，海水养殖户也会选择放弃生态养殖，最终海水养殖户和水产企业都选择不采纳和不投资生态养殖。

7.3.6 基于调研数据的数值仿真分析

为了进一步验证前文中关于海水养殖户和水产企业在海水生态养殖模式转变过程中的演化博弈过程，本书基于调研数据对该过程进行数值仿真分析。以福建省大黄鱼养殖为例进行估算，普通网箱养殖大黄鱼根据单只大小不同，海面收购价格为 12～20 元/斤[①]不等。根据笔者的访谈结果，一般海水养殖户的普通大黄鱼近两年的收购单价是 12～17 元/斤，生产成本为 8～10 元/斤，因此，假设 $Z_0=15$，$I_0=9$。水产企业收购的大黄鱼，除了冰鲜出售，大部分经过加工再出售，主要的加工方式是直接条冻、传统制作黄鱼鲞或者三去黄鱼包装，总的成本大约 $C_0=23$ 元/斤，一般到出售环节价格 $P_0=49$ 元/斤。而福建省大黄鱼的生态化养殖普遍采用大围网仿生态养殖，根据海水养殖户以及水产企业人员介绍，围网仿生态化养殖的大黄鱼一般单只重量都能在一斤以上，因此根据每年的时间行情不同，海面收购价格 Z_1 都在每斤 40 元以

① 斤为非法定计量单位，1 斤＝0.5 千克。——编者注

上，个头越大价格越高，有的能达到80元每斤，假设 $Z_1=45$。围网仿生态养殖采用的是天然半野生放养方式，虽然减少了饵料等投入，但是网箱等养殖设施更新、技术更新等仍然是很大的一笔投入，并且主要在外海养殖，养殖风险更大。根据福建省宁德市水产企业管理人员的介绍，一般这种大围网仿生态大黄鱼养殖的养殖成本要翻倍，假设 $I_1=18$，进一步假设 $I_2=26$。另外由于采用生态化养殖的水产企业在收购、出售前后需要更多的投入以把关产品质量、加工工艺要求更加严格，因此其投入的总成本大约为 $C_1=30$ 元/斤，而投资生态化养殖的水产企业出售的水产品因为品质优良、又有企业的品牌加持，在市场上的售价 P_1 至少都能达到80元/斤以上，甚至在外地市场可以达到最高150元/斤，假设 $P_1=90$，进一步假设 $P_2=70$。

基于实际调研所得到的数据，本书仿真分析养殖户转变养殖模式的情况下养殖产品的收购价 Z_1（$24<Z_1<46$），养殖的成本 I_1（$9<I_1<39$），水产企业投资养殖模式转变的成本 C_1（$23<C_1<34$）。海水养殖户转变养殖模式，而水产企业不参与养殖方式转变时，养殖户需要付出更高的成本 I_2（$39<I_2<45$），养殖户转变养殖模式，而企业不参与养殖方式转变时，产品的市场售价是 P_2（$49<P_2<83$）。以下对系统演化路径以及影响演化概率的因素作用进行仿真分析。

（1）假设其他参数值不变，Z_1 分别取25、38、42、45，初始位置为（0.35，0.4）时的演化路径和演化概率变化。

从图7-8可以发现，随着生态养殖水产品的价格 Z_1 不断增加，该点的演化路径从收敛于（0，0）逐渐转变为收敛于（1，1）。由此可见，在一定的范围内适当增加海水生态化养殖产品的价格确实可以推进海水生态养殖模式的升级。

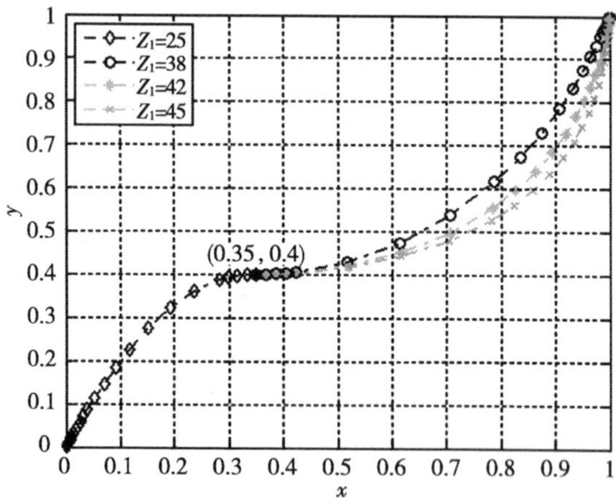

图 7-8　Z_1 对生态养殖模式转变演化路径的影响

（2）假设其他参数值不变，I_1 分别取 15、20、26、30，初始位置为（0.35，0.032）时的演化路径和演化概率变化。

从图 7-9 可以看出，不论水产企业考虑投资或不投资生态养殖，随着海水养殖户采纳生态化养殖的成本 I_1 不断提高，只要海水养殖户采纳生态养殖模式取得的收益超过不采纳生态

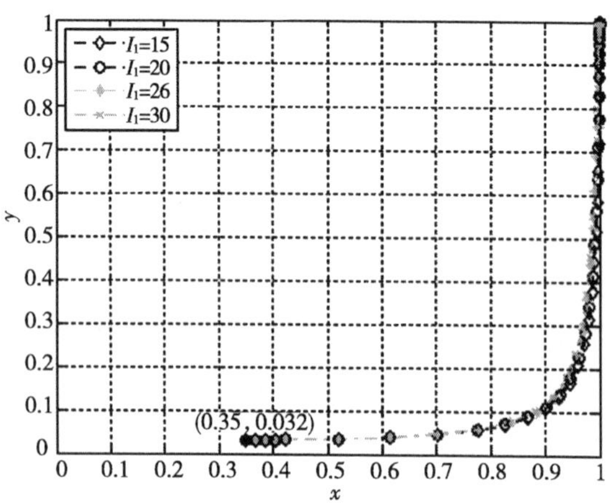

图 7-9　I_1 对生态养殖模式转变演化路径的影响

养殖的收益，那么生态养殖模式仍然是海水养殖户的优选方案，系统逐渐收敛到演化稳定点（1，1）。

(3) 假设其他参数值不变，C_1 分别取 27、29、31、33，初始位置为（0.3，0.045）时的演化路径和演化概率变化。

从图 7-10 可以发现，随着 C_1 的值不断增大，该演化路径的速度逐渐减慢。可见，成本是影响水产企业投资生态养殖的重要因素，只有尽量降低水产企业投资生态养殖的成本，企业才会有动力参与到生态养殖的投资和管理中，系统收敛到演化稳定点（1，1）的概率才会增大。

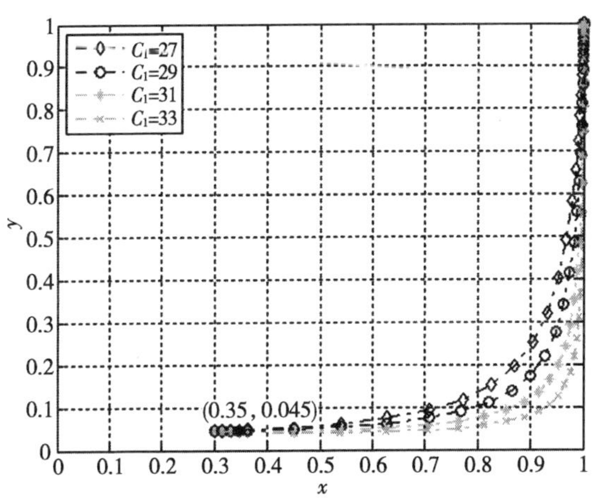

图 7-10 C_1 对生态养殖模式转变演化路径的影响

7.4 政府监管机制下海水养殖模式转变的演化博弈分析

7.4.1 参数设定和模型构建

海水生态养殖模式转变过程中，除了养殖户和水产企业外，政府也是其中重要的参与主体，政府通过有效监管、政策支持、技术推广以及资金补贴等方式对海水养殖生态化转型产生重要的影响。2016 年 11 月，种养全面深化改革领导小组会议通过了《建立以绿色生态为导向的农业补贴制度改革方案》，方案指出要以绿色生态为导向开展农业补贴，实现农业生产的数量、质量和生态发展并重的发展目标[159]。因此，为了督促海水养殖户实施绿色生态化养殖模式，政府机构（如环保部门、农业部门、渔业部门等）对养殖户行为进行监管和补贴[160]。本节将运用演化博弈模型分析政府环境规制下海水养殖户生态化养殖模式演化机理。

基于研究的需要，我们对模型做如下假设。

假设 1：环境管制下，市场中有两个非对称群体，一是海水养殖户，二是政府。海水养殖户可采取的行动集合为｛采用生态养殖模式，不采用生态养殖模式｝；政府可实施的行动集合为｛监管生态养殖，不监管生态养殖｝。

假设 2：养殖户的支付函数由产品销售收益及总成本决定；政府的支付函数同样由其行为产生的收入和成本决定。

假设 3：生态化养殖产品和普通养殖水产品的价格不同，成本也不同，生态化养殖水产品的价格要高于普通养殖水产品的价格，而实行生态养殖也将产生额外的成本；政府的收益不仅包括收取养殖环境污染的罚金（比如排污费等），还包括政治收益和良好声誉，比如民众的依赖、赞扬和民众支持率等。

假设 4：海水养殖户进行普通养殖而产生的养殖排污一定会被相关部门查处，此处假设海水养殖环境规制是完全有效的。

R_1：海水养殖户采用生态化养殖的收益。

R_2：海水养殖户不采用生态化养殖的收益。

I：海水养殖户实施生态化养殖的投入成本。

C：政府监督采用生态养殖情况的监管费用（如环境监管、安全监测等费用）。

θ：政府给予采用生态化养殖的养殖户的补贴系数（比如差额补贴、优先贷款等）。

F：政府实施有效监管，当养殖户没有采用生态化养殖，造成海洋环境污染需要提交的罚金（比如排污费、罚金等）。

W：由于实行海水生态化养殖，因此产生的外部效应（比如环境改善而使政府获得良好声誉）。

T：养殖户不采用生态化养殖，长期养殖污染导致环境问题，政府需要支付的治理费用。

假设海水养殖户中采用生态化养殖模式的概率大小以 x 表示，不采用生态化养殖模式的概率大小以 $1-x$ 表示；政府实行监管的概率以 y 表示，选择不监管的概率为 $1-y$。政府监管与海水养殖户采纳生态养殖模式演化收益矩阵如表 7 - 10 所示。

表 7 - 10 政府与海水养殖户生态养殖模式演化收益矩阵

养殖户策略	政府策略	
	监管（y）	不监管（$1-y$）
采纳（x）	$(R_1-I+\theta I, W-C-\theta I)$	(R_1-I, W)
不采纳（$1-x$）	$(R_2-F, -C-T+F)$	$(R_2, -T)$

7.4.2 模型的复制动态分析

根据上文中政府与海水养殖户生态养殖模式的演化收益矩阵，进一步分析两者博弈的进化稳定策略问题。

假设两个复制动态方程为0，解得此时复制系统的局部平衡点。对于海水养殖户来说，选择采纳生态化养殖模式和普通养殖的收益为：

$$U_{1x} = y(R_1 - I + \theta I) + (1 - y)(R_1 - I) = y\theta I + R_1 - I \tag{7-15}$$

$$U_{2x} = y(R_2 - F) + (1 - y)R_2 = - yF + R_2 \tag{7-16}$$

因此，作为生态化养殖模式潜在采纳者的海水养殖户的混合策略期望收益为：

$$\begin{aligned}\overline{U_x} &= xU_{1x} + (1 - x)U_{2x} \\ &= x(y\theta I + R_1 - I) + (1 - x)(- yF + R_2)\end{aligned} \tag{7-17}$$

对于政府部门来说，在海水生态化养殖模式推广过程中选择监管和不监管的混合策略的收益为：

$$\begin{aligned}U_{1y} &= x(W - C - \theta I) + (1 - x)(- C - T + F) \\ &= x(W + T - \theta I - F) + F - C - T\end{aligned} \tag{7-18}$$

$$U_{2y} = xW + (1 - x)(- T) = x(W + T) - T \tag{7-19}$$

因此，作为海水养殖模式生态转变的重要推动者，政府部门的混合策略期望收益为：

$$\begin{aligned}\overline{U_y} = yU_{1y} + (1 - y)U_{2y} = y[x(W + T - \theta I - F) \\ + F - C - T] + (1 - y)[x(W + T) - T]\end{aligned} \tag{7-20}$$

综合以上，可得政府环境规制下海水生态化养殖模式推广系统的演化复制动态方程为：

$$\begin{cases} F(x) = \dfrac{dx}{dt} = x(1 - x)[y(\theta I + F) + (R_1 - I - R_2)] \\ F(y) = \dfrac{dy}{dt} = y(1 - y)[(F - C) - x(\theta I + F)] \end{cases} \tag{7-21}$$

令$\frac{dx}{dt}=0$，$\frac{dy}{dt}=0$，该系统存在的复制动态稳定点分别为：(0，0)、(0，1)、(1，0)、(1，1) 和 (x^*，y^*)，其中当 $0<\frac{F-C}{\theta I+F}$，$\frac{R_2-(R_1-I)}{\theta I+F}<1$ 时，$x^*=\frac{F-C}{\theta I+F}$，$y^*=\frac{R_2-(R_1-I)}{\theta I+F}$。

7.4.3 演化博弈系统平衡点稳定性分析

由于系统的平衡点不一定是演化稳定策略（ESS），进一步根据 Friedman（1991）提出的方法分析政府和养殖户群体演化博弈的最终结果。根据上文的复制动态方程，写出雅可比矩阵：

$$J=\begin{bmatrix}(1-2x)[y(\theta I+F)+(R_1-I-R_2)] & x(1-x)(\theta I+F)\\ y(1-y)(-\theta I-F) & (1-2y)[(F-C)-x(\theta I+F)]\end{bmatrix} \tag{7-22}$$

矩阵 $\boldsymbol{J}$ 的行列式表示为：

$$\begin{aligned}Det\ \boldsymbol{J}=&(1-2x)(1-2y)[y(\theta I+F)+(R_1-I-R_2)]\\&[(F-C)-x(\theta I+F)]-x(1-x)(\theta I+F)\\&y(1-y)(-\theta I-F)\end{aligned} \tag{7-23}$$

矩阵 $\boldsymbol{J}$ 的迹表示为：

$$\begin{aligned}Tr\ \boldsymbol{J}=&(1-2x)[y(\theta I+F)+(R_1-I-R_2)]\\&+(1-2y)[(F-C)-x(\theta I+F)]\end{aligned} \tag{7-24}$$

当雅克比矩阵的行列式 Det $\boldsymbol{J}$ 为正，并且迹 Tr $\boldsymbol{J}$ 为负，那么可以判定该点存在局部稳定性，如果行列式 Det $\boldsymbol{J}$ 和迹 Tr $\boldsymbol{J}$ 都表现为正值，则认为该点是不稳定点，以此为判断依据，得到表 7-11。

表 7-11 政府—养殖户博弈模型平衡点对应的矩阵行列式和迹的表达式

平衡点	行列式 Det $\boldsymbol{J}$	迹 Tr $\boldsymbol{J}$
(0,0)	$(R_1-I-R_2)(F-C)$	$(R_1-I-R_2)+(F-C)$
(0,1)	$-[(\theta I+F)+(R_1-I-R_2)](F-C)$	$[(\theta I+F)+(R_1-I-R_2)]-(F-C)$
(1,0)	$(R_1-I-R_2)(C+\theta I)$	$-(R_1-I-R_2)-(C+\theta I)$
(1,1)	$-[(\theta I+F)+(R_1-I-R_2)](C+\theta I)$	$-[(\theta I+F)+(R_1-I-R_2)]+(C+\theta I)$
(x^*,y^*)	$[(F-C)*(R_1-I-R_2)]\left(1-\frac{F-C}{\theta I+F}\right)^*\left(1-\frac{R_2-(R_1-I)}{\theta I+F}\right)$	0

根据表 7-11 政府和养殖户博弈模型平衡点对应矩阵的行列式和迹的表示，对政府群体和养殖户群体演化博弈的稳定性判断，可以得出以下推论。

结论 7：当$(R_1-I-R_2)<0$，$(F-C)<0$，$(R_1-I-R_2)<(R_1-I+\theta I)-(R_2-F)<0$（条件Ⅶ），此时复制系统有四个平衡点 E1(0, 0)，E2(0, 1)，E3(1, 0)，E4(1, 1)，其中 E1(0, 0) 是稳定的节点，E4(1, 1) 是不稳定点，各点的行列式值如表 7-12 所示。

表 7-12 满足条件Ⅶ时系统局部稳定性分析

平衡点	det $\boldsymbol{J}$ 符号	tr $\boldsymbol{J}$ 符号	局部稳定性
$x=0$，$y=0$	>0	<0	ESS
$x=0$，$y=1$	<0	?	鞍点
$x=1$，$y=0$	<0	?	鞍点
$x=1$，$y=1$	>0	>0	不稳定点

注：? 表示可能为正也可能为负。

结论 8：当$(R_1-I-R_2)<0$，$(F-C)<0$，$(R_1-I+\theta I)-(R_2-F)>0$(条件Ⅷ)(条件Ⅷ)，此时复制系统有四个平衡点 E1(0，0)，E2(0，1)，E3(1，0)，E4(1，1)，其中 E1(0，0) 是稳定的节点，E2(0，1) 是不稳定点，各点行列式值如表 7-13所示。

表 7-13　满足条件Ⅷ时系统局部稳定性分析

平衡点	det **J** 符号	tr **J** 符号	局部稳定性
$x=0$，$y=0$	>0	<0	ESS
$x=0$，$y=1$	>0	>0	不稳定点
$x=1$，$y=0$	<0	?	鞍点
$x=1$，$y-1$	<0	?	鞍点

注：? 表示可能为正也可能为负。

结论 9：当$(R_1-I-R_2)>0$，$(F-C)<0$，$(R_1-I+\theta I)-(R_2-F)>(R_1-I-R_2)>0$（条件Ⅸ），此时复制系统有四个平衡点 E1(0，0)，E2(0，1)，E3(1，0)，E4(1，1)，其中 E3(1，0) 是稳定的节点，E2(0，1) 是不稳定点。各点的行列式值如表 7-14 所示。

表 7-14　满足条件Ⅸ时系统局部稳定性分析

平衡点	det **J** 符号	tr **J** 符号	局部稳定性
$x=0$，$y=0$	<0	?	鞍点
$x=0$，$y=1$	>0	>0	不稳定点
$x=1$，$y=0$	>0	<0	ESS
$x=1$，$y=1$	<0	?	鞍点

注：? 表示可能为正也可能为负。

结论 10：当$(R_1-I-R_2)>0$，$(F-C)>0$，$(R_1-I+\theta I)-(R_2-F)>(R_1-I-R_2)>0$（条件Ⅹ）。此时复制系统有四个平衡点 E1(0，0)，E2(0，1)，E3(1，0)，E4(1，1)，

其中 E3(1，0) 是稳定的节点，E1(0，0) 是不稳定点，各点的行列式值如表 7-15 所示。

表 7-15 满足条件Ⅹ时系统局部稳定性分析

平衡点	det **J** 符号	tr **J** 符号	局部稳定性
$x=0$，$y=0$	>0	>0	不稳定点
$x=0$，$y=1$	<0	?	鞍点
$x=1$，$y=0$	>0	<0	ESS
$x=1$，$y=1$	<0	?	鞍点

注：? 表示可能为正也可能为负。

结论 11：当$(R_1-I-R_2)<0$，$(F-C)>0$，$(R_1-I-R_2)<(R_1-I+\theta I)-(R_2-F)<0$（条件Ⅺ）。此时复制系统有四个平衡点 E1(0，0)，E2(0，1)，E3(1，0)，E4(1，1)，其中 E2(0，1) 是稳定的节点，E4(1，1) 是不稳定点，各点的行列式值如表 7-16 所示。

表 7-16 满足条件Ⅺ时系统局部稳定性分析

平衡点	det **J** 符号	tr **J** 符号	局部稳定性
$x=0$，$y=0$	<0	?	鞍点
$x=0$，$y=1$	>0	<0	ESS
$x=1$，$y=0$	<0	?	鞍点
$x=1$，$y=1$	>0	>0	不稳定点

注：? 表示可能为正也可能为负。

结论 12：当$(R_1-I-R_2)<0$，$(F-C)>0$，$(R_1-I+\theta I)-(R_2-F)>0>(R_1-I-R_2)$（条件Ⅻ），此时复制系统有五个平衡点 E1(0，0)，E2(0，1)，E3(1，0)，E4(1，1)，E5(x^*，y^*)，其中 $x^*=\frac{F-C}{\theta I+F}$，$y^*=\frac{R_2-(R_1-I)}{\theta I+F}$。系统没有稳定节点，该博弈不存在演化博弈均衡策略，各点的行列

式值如表 7－17 所示。

表 7－17　满足条件Ⅻ时系统局部稳定性分析

平衡点	det ***J*** 符号	tr ***J*** 符号	局部稳定性
$x=0$，$y=0$	<0	?	鞍点
$x=0$，$y=1$	<0	?	鞍点
$x=1$，$y=0$	<0	?	鞍点
$x=1$，$y=1$	<0	?	鞍点
x^*，y^*	>0	0	中心点

注：? 表示可能为正也可能为负。

7.4.4　养殖模式转变的演化路径分析

根据上文的稳定性分析结果，进一步讨论政府监管机制下海水生态化养殖模式转变的演化路径。其中（R_1-I）表示没有政府监管的条件下，海水养殖户采用了生态化养殖模式后扣除投入的成本的最终收益，根据上文中的假设条件，可以认为 $R_1-I>0$。（R_1-I-R_2）表示海水养殖户通过采取生态化养殖比不采用生态化养殖模式实际增加的收益。根据上文假设，θI 表示养殖户对生态化养殖的投资总额乘以补贴系数，形成政府对生态化海水养殖模式的补贴和奖励。（$R_1-I+\theta I$）表示政府通过补贴和奖励政策鼓励海水养殖户积极发展生态化养殖，因此养殖户所获得的总收益增加；反之，如果养殖户不采用生态化养殖模式，因此造成了养殖污染等问题，政府则对其处以一定的罚金，此时养殖户的总收益则表示为（R_2-F）。另外，政府实行监管的时候，一方面产生了监管成本，另一方面也会征收一定的罚金，（$F-C$）表示政府监管征收的罚金与监管成本的差额。

（1）当$(R_1-I-R_2)<0$，$(F-C)<0$，$(R_1-I-R_2)<(R_1-I+\theta I)-(R_2-F)<0$（条件Ⅶ）时。

此时系统存在纯策略均衡 E1(0，0)。一开始，政府对海水生态养殖实行监管，由于监管成本过高，甚至超过了政府向违规养殖户征收的罚金；另一方面，那些采用生态化养殖模式的养殖户除了基本收益还会获得政府的奖励，而没有采用生态化养殖的养殖户由于继续存在着排放养殖污水造成环境污染的情况，有可能被处以罚款，此时如果海水生态养殖的养殖户的总收益仍然小于普通养殖的养殖户收益，如图 7－11 所示，系统的演化稳定策略为（0，0）。可见，相对于普通海水养殖造成的养殖污染受到的处罚力度，政府付出了比较高的监管费用，经过一段时间的运作后，政府监管部门的执法成本压力很大，也逐渐丧失了监管的积极性，反观不采用生态养殖的养殖户，由于罚款力度不高，同时转变模式所获得的补贴又极为有限，根据养殖户利益最大化原理，海水养殖户会选择仍然采用普通养殖策略。

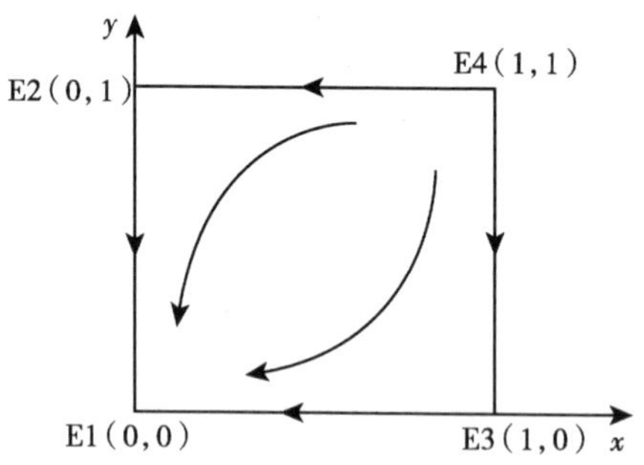

图 7－11　满足条件Ⅶ时，海水养殖户与政府博弈的动态相位

（2）当$(R_1-I-R_2)<0$，$(F-C)<0$，$(R_1-I+\theta I)-(R_2-F)>0$（条件Ⅷ）时。

此时系统存在纯策略均衡 E1(0，0)。政府对海水生态养殖实行监管，监管成本过高，甚至超过了政府向违规养殖户征收的罚金；如果没有监管，则养殖户采用普通养殖模式的收益要比采用生态养殖模式的养殖户要高，但是在政府监管机制下，生态化养殖的海水养殖户获得的总收益要超过采用普通养殖模式的养殖户。如图 7－12 所示，在政府的强监管作用下，采用生态化养殖模式的海水养殖户收益较高，系统的演化稳定策略是 E1(0，0)。其演化的路径是：首先政府发现监管的成本过高，支不抵收，这样的情况下，政府可能选择放弃监管；政府放弃监管的情况下，海水养殖户实行生态化养殖的总收益要小于普通养殖的收益值，因此海水养殖户会选择普通养殖。

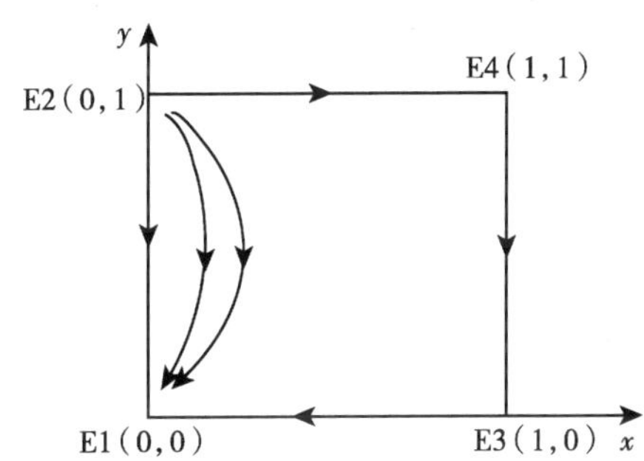

图 7－12　满足条件Ⅷ时，海水养殖户与政府博弈的动态相位

(3) 当$(R_1-I-R_2)>0$，$(F-C)<0$，$(R_1-I+\theta I)-(R_2-F)>(R_1-I-R_2)>0$（条件Ⅸ）时。

此时复制系统存在纯策略均衡 E3(1，0)。政府对海水生态养殖实行监管，监管成本过高，甚至超过了政府向违规养殖户征收的罚金；没有政府参与的情况下，养殖户进行生态化养殖的收益要高于普通养殖的收益；但是政府监管下，采用生态养殖模式的养殖户与不采用生态养殖模式的养殖户之间的收益差额与政府不监管情况的差额值比较，前者更高。此时，如图 7－13 所示，演化博弈的策略选择是 E3(1，0)。该情境下的演化路径是：首先政府发现监管的成本过高，支不抵收，这样的情况下，政府可能选择放弃监管，但是即使没有政府监管的情况下，海水养殖户实行生态化养殖取得的收益也会比不采用生态化养殖高，出于利益最大化的考虑，海水养殖户会自发地选择生态养殖模式。而生态养殖模式的普遍化，有利于减少养殖污染和产业健康发展，政府虽然放弃了征收罚款，但是却可以对环境保护行为给以适当的奖励，以增强海水养殖户采纳生态养殖模式的意愿和行为。

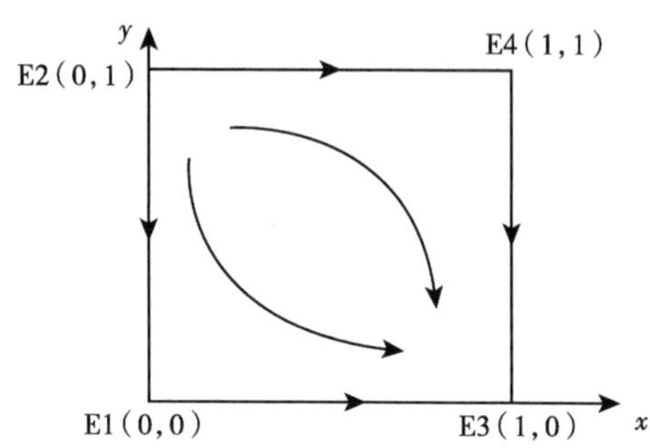

图 7-13　满足条件Ⅸ时，海水养殖户与政府博弈的动态相位

(4) 当$(R_1-I-R_2)>0$，$(F-C)>0$，$(R_1-I+\theta I)-(R_2-F)>(R_1-I-R_2)>0$（条件Ⅹ）时。

此时复制系统存在纯策略均衡 E3(1，0)。政府对海水生态养殖实行监管，但是监管成本较低且低于对普通养殖的海水养殖户征收的罚金，而在政府监管环境下养殖户实行生态化养殖后的总收益与普通养殖的总收益之差大于没有政府监管下两者之差，且两者都为正。如图 7-14 所示，监管成本较低，养殖户采取生态化养殖模式后收益较高的情况下系统的演化稳定策略是 E3(1，0)。养殖户出于利益最大化考虑，不管政府是否采取监管，只要生态化养殖模式下带来的收益高于普通养殖的收益，养殖户的最优选择都是采用生态化养殖模式。此时，政府的监管影响就不太重要了，导致其积极性也不高，而且不监管还可以节省费用，因此政府最后将采取放弃监管。

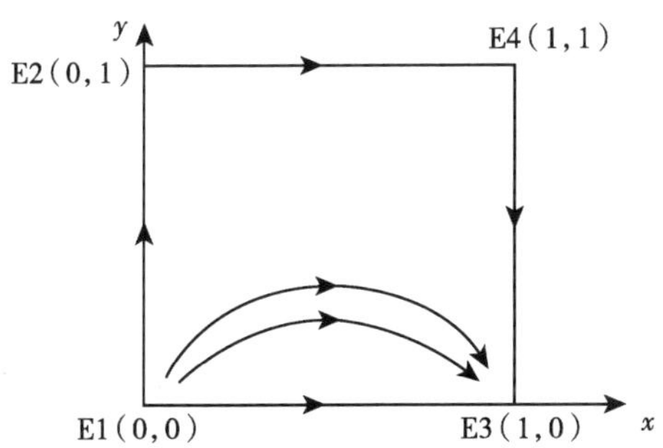

图 7－14　满足条件Ⅹ时，海水养殖户与政府博弈的动态相位

(5) 当$(R_1-I-R_2)<0$，$(F-C)>0$，$(R_1-I-R_2)<(R_1-I+\theta I)-(R_2-F)<0$（条件Ⅺ）时。

系统存在纯策略均衡 E2(0，1)。没有政府监管的情况下，养殖户采用生态化养殖的收益低于普通养殖情况下的收益；政府对生态养殖实行监管，对普通养殖的养殖户征收的罚款要高于政府监管成本；在政府监管情况下，养殖户实行普通养殖的收益扣除政府的罚款后比实行生态化养殖的收益与所获得补贴之和还要高。结果如图 7－15 所示，政府与养殖户博弈下的演化稳定策略是 E2(0，1)。演化路径是这样的：由于监管成本

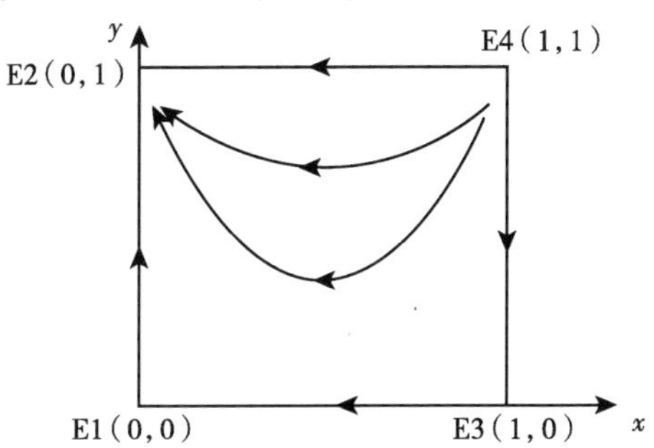

图 7－15　满足条件Ⅺ时，海水养殖户与政府博弈的动态相位

相对较低，政府监管部门愿意承担环境保护的责任，同时对普通养殖的养殖户惩罚力度较高，这就进一步增强了政府监管的积极性。在政府的强监管下，养殖户采用普通养殖模式的收益减掉政府罚款，结果比采用生态化养殖所取得的收益与政府补贴的总值更高，因此，理性的养殖户会选择采用普通的养殖模式。

(6) 当$(R_1-I-R_2)<0$，$(F-C)>0$，$(R_1-I+\theta I)-(R_2-F)>0>(R_1-I-R_2)$（条件Ⅻ）时。

系统没有稳定节点，该博弈不存在演化博弈均衡策略。没有政府监管时，养殖户采用普通养殖的收益要高于生态化养殖模式下的收益；政府对生态养殖实行监管，监管成本低于对未采用生态化养殖模式的养殖户的罚款；在政府监管的情况下，养殖户采用非生态化养殖模式则要缴纳一定的罚款，缴纳罚款之后的收益如果小于生态养殖户生产收益加上政府对他的补贴的总值，结果如图 7－16 所示，此时系统不存在演化稳定策略，可见政府和海水养殖户都选择了混合策略（x^*，y^*）。演化路径是：没有政府监管时，养殖户采用普通养殖的收益要高于生态化养殖模式下的收益，因此海水养殖户就不会采用生态化养殖模式；但是由于监管成本较低，政府监管部门会选择

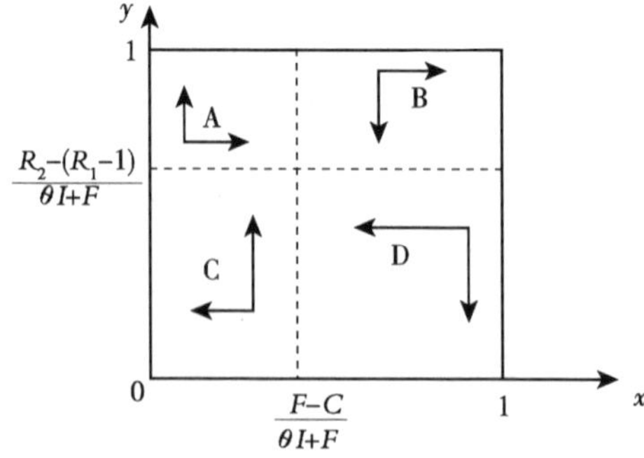

图 7－16　满足条件Ⅺ时，海水养殖户与政府博弈的动态相位

监管策略，此时养殖户为了逃避罚款，考虑选择生态化养殖模式；为了鼓励养殖户采用生态化养殖技术，政府在采取罚款的政策的同时，对于那些积极采用生态化养殖模式的养殖户还要给予补贴或奖励，监管本身还需要支付一定的费用；如果养殖户生态化养殖收益与政府给予的补贴之和大于养殖户扣除政府罚款后非生态化养殖的收益，那么意味着政府支出的奖励是比较大的，这就导致政府负担较重，政府有可能放弃监管；一旦政府采取不监管策略，海水养殖户会发现采用生态化养殖的收益还不如普通养殖模式的总收益，因此，海水养殖户的最优策略是不采用生态养殖模式。

综合以上分析可以发现，无论政府对海水生态养殖采取强监管还是弱监管形式，只有在 $(R_1 - I + 0I) - (R_2 - F) > (R_1 - I - R_2) > 0$ 的条件下，也就是养殖户进行生态化养殖的收益始终高于非生态养殖的收益时，养殖户采纳生态化养殖的概率会逐渐增大，政府才会逐渐弱化乃至放弃监管，直至系统收敛于（养殖户采纳，政府不监管）的稳定理想状态。为了推动海水养殖生态化转型发展，政府应该通过调节生态化投资补贴系数、惩罚力度等来保证养殖户采纳生态化养殖模式的净收益为正值，鼓励海水养殖户选择生态化养殖模式。以下通过数值仿真进一步对这些因素进行讨论。

7.4.5 数值仿真分析

前文对政府监管机制下海水养殖模式转变的演化机制进行了分析，依据稳定性分析结果，本节设置各变量数值进行仿真分析。横轴和纵轴分别代表养殖户采用生态养殖模式概率 x，政府采用监管策略的概率 y。

(1) 不同条件下系统演化路径分析。

假设初始点为（0.2，0.9）、（0.4，0.7）、（0.5，0.5）、

(0.7，0.3)、(0.9，0.1)，分析不同条件下系统演化路径。根据上文中六种不同的演化条件，分别取值①$R_1=8$，$I=3$，$R_2=7$，$\theta=0.2$，$F=1$，$C=4$，②$R_1=8$，$I=3$，$R_2=7$，$\theta=0.4$，$F=1$，$C=4$，③$R_1=12$，$I=3$，$R_2=8$，$\theta=0.2$，$F=1$，$C=4$，④$R_1=12$，$I=3$，$R_2=8$，$\theta=0.2$，$F=3$，$C=2$，⑤$R_1=20$，$I=15$，$R_2=12$，$\theta=0.2$，$F=3$，$C=2$，⑥$R_1=8$，$I=3$，$R_2=7$，$\theta=0.2$，$F=3$，$C=2$。结果如图 7-17 所示，六种条件下的演化路径图依次为从（a)～(f)，验证了上文中演化模型反映的均衡点以及中心点情况。如果海水养殖户采用生态化养殖模式取得的收益总值大于采用普通养殖模式时的收益值，并且两者都为正，则不论政府是否实行监管，养殖户的最优选择都是采用生态化养殖模式。

(2) 补贴率不同对演化结果影响。

根据前文的结果，分析政府对海水养殖生态化投资给予不同的补贴条件下，对演化结果的影响。根据政府监管程度不同，分别设置两组数值模拟补贴率多系统演化的影响。①假设原始点为（0.6，0.6)，令 $R_1=16$，$I=3$，$R_2=8$，$F=2$，$C=4$，补贴率不同，分别假设 $\theta=0.2$、0.4、0.6、0.7、0.8，结果如图 7-18（a）所示。②假设原始点为（0.5，0.5)，令 $R_1=12$，$I=3$，$R_2=8$，$F=3$，$C=2$，分别假设补贴率 $\theta=$ 0.2、0.4、0.6、0.7、0.8，结果如图 7-18（b）所示。如果 θ 值越高，则系统收敛到均衡点的速度更快，即政府对养殖户的生态养殖投资给予的补贴率越高，则养殖户越容易选择采纳生态养殖策略，而政府最终选择放弃监管。

(3) 罚款变化对系统演化的影响。

考虑如果政府对那些未采用生态养殖模式的行为收取罚款，设原始点为（0.5，0.5)，令 $R_1=12$，$I=3$，$R_2=8$，$\theta=$ 0.3，$C=4$，假设罚款 F 分别取值 1、3、5、7、9 时系统演化

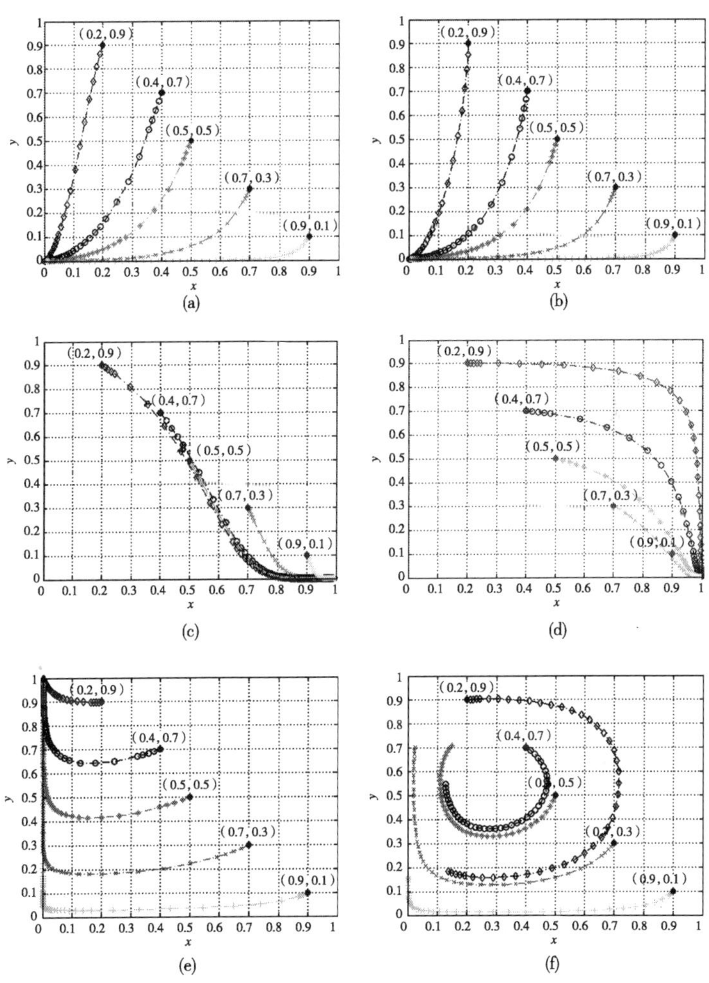

图 7－17　不同条件下系统演化路径

结果如图 7－19 所示，随着 F 取值不断增加，系统收敛到均衡点的速度不断加快，但是当 F 超过一定值时，系统收敛到均衡点的速度又开始减缓。结果表示，政府监管机制下，一开始对非生态化养殖行为采取提高罚款的做法，可以加快海水养殖

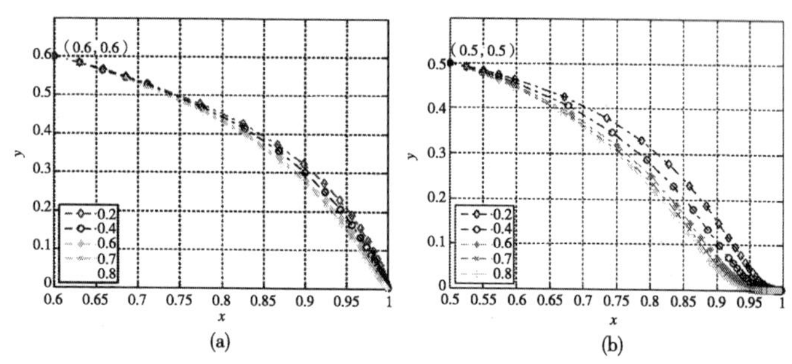

图 7-18　补贴率 θ 对系统演化的影响

户选择生态养殖，但是一旦罚款太高，海水养殖户向生态化转型的速度反而下降。这说明不能过度依赖政府监管来促进海水养殖户实现生态养殖，应该结合水产企业、其他农业合作组织等各方面的力量来促进海水养殖的生态化转型。

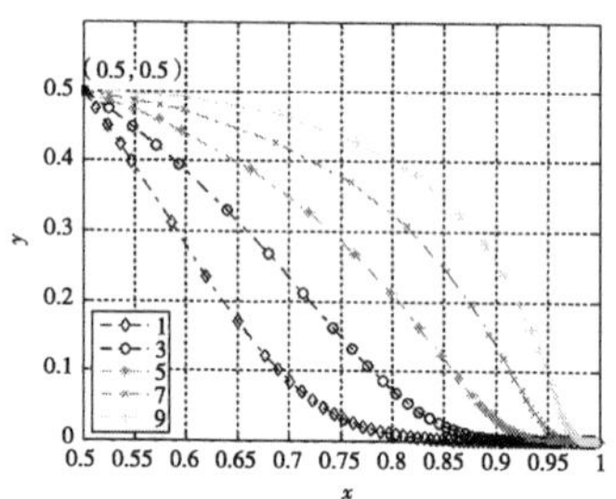

图 7-19　罚款 F 对系统演化的影响

7.5　本章小结

海水养殖生态化发展中的各利益相关者包括政府、水产企业、其他养殖户以及消费者等都对海水养殖户生态养殖模式实施行为产生一定的影响。从海水养殖户之间的博弈来看，一方面，所有海水养殖户都演化为采纳生态养殖模式的情况往往发生在采纳生态化养殖模式的水产品市场销路更好，收益更多，并且生态化养殖所需增加的投资成本不高的条件下，海水养殖户更有积极性实现养殖模式的改进和创新。另一方面，关于生态化养殖模式转变过程中还存在“搭便车”的现象，如果双方均采取生态化养殖模式的收益小于一方采纳而另一方不采纳生态化养殖模式时的收益，那么这时候少部分的养殖户就会放弃主动采纳生态化养殖模式，反而可能出现“搭便车”的现象，因为这时候不采纳生态化养殖模式的养殖户“搭便车”的机会和利益特别大，这也会在一定程度上降低海水养殖户采纳生态化养殖模式的概率。

从供应链视角来看海水养殖户和水产企业之间博弈，生态化养殖确实可以保护养殖环境，减少养殖污染，从而提高养殖水产品的绿色度和质量，而水产企业投资海水生态养殖，有利于减少费用成本，提高产品附加值和销售量，长期致力于投资生态养殖的水产企业还可以提高其在业内的影响力和品牌价值。因此海水养殖和水产企业都有动力采纳和投资生态化养殖。但是实行生态化养殖受到养殖成本、加工成本、技术更新、收购价格、市场需求和销售价格等各方面的影响，养殖户和水产企业也可能选择不采纳、不投资生态化养殖。水产企业不投资生态化养殖的情况下的成本与系统演化到海水养殖户采纳生态化养殖、水产企业投资生态化养殖的概率呈正相关关系。而海水养殖户采纳生态化养殖的成本对演化概率的影响则不固定，依据水产企业的投资策略而有所差异。

从海水养殖户与政府的演化博弈结果来看，如果海水养殖户采用生态化养殖模式取得的收益总值大于采用普通养殖模式的收益值，并且两者都为正值时，则不论政府是否实行监管，养殖户的最优选择都是采用生态化养殖模式。但是，当没有政府监管时，养殖户采用普通养殖的收益要高于生态化养殖模式下的收益；政府对生态养殖实行监管，监管成本低于对未采用生态化养殖模式的养殖户的罚款；在政府监管的情况下，养殖户在正常收益中减掉缴纳罚款后的收益值，如果小于养殖户采用生态化养殖模式的收益加上补贴的总值，这种情况下系统不存在稳定点，海水养殖户和政府都采取了混合策略。数值仿真分析的结果进一步说明政府对养殖户的生态养殖投资给与的补贴率越高，则养殖户越容易选择采纳生态养殖策略，而政府最终选择放弃监管。而且不能过度依赖政府监管来促进海水养殖户实现生态养殖，应该结合水产企业、其他农业合作组织等各方面的力量来促进海水养殖的生态化转型。

8 我国海水养殖生态化发展的推进策略

随着我国海水养殖业的不断发展，海水生态养殖产业形态已经初具规模，产业链条逐渐趋于完善。但是我国海水生态养殖仍然面临着养殖布局优化、养殖模式创新以及养殖技术创新等一系列挑战。根据前面章节中对海水养殖生态化发展的效率评价、影响因素分析，并结合海水养殖生态化发展的微观演化机制，本章主要提出我国海水养殖生态化发展的推进策略。在未来的发展中，必须加强政府政策扶持、产业组织创新等方面建设，提高政府服务水平，提高水产企业参与积极性，提高海水养殖户养殖技术水平和防范养殖风险的能力，才能平稳推进我国海水养殖生态化转型发展。

8.1 海水养殖生态化发展中的政府扶持体系构建

海水生态养殖离不开政府的大力扶持，在市场化发达的今天，政府的宏观调控虽然不直接干预市场，但是政府政策的倾向及具体措施对海水生态养殖转型发展起着重要的影响作用。政府相关管理部门通过规范养殖海域使用与海域流转、对海水生态养殖提供财政和税收支持、加强海水生态养殖基础设施建设等一系列政策和措施，为海水生态养殖提供相应的资金支持、技术支撑和信息服务，从而更好地推动海水生态养殖发展。

8.1.1 强化扶持制度保障

强化政府对海水养殖生态化发展的扶持制度保障，就给参与投资海水生态养殖发展的养殖户和水产企业吃了定心丸；通过自上而下的一系列的规章、制度和文件的出台，可以增强政策的权威性、有效性以及长期性。

首先，国家已将发展海洋生态养殖纳入了经济和社会发展的规划中，并且专门制定了包括海洋牧场发展、渔业经济发展方式转变等发展政策，以指导海水养殖生态化发展。今后的发展中，要进一步将海水生态养殖同无公害农产品开发、新农村建设、国家乡村振兴计划等相互结合，以夯实海水养殖生态化发展政策基础。

其次，要注重国家层面上的战略研究和区域性的合理布局相结合。发展海水生态养殖是国家实施海洋强国战略的重要内容，因此要结合生态养殖和绿色发展的要求，结合海洋经济的发展特点，制定各沿海省市的海水生态养殖的扶持政策。要进一步根据沿海各省市资源禀赋、生态条件、养殖发展现状以及发展趋势，优化布局，合理规划建设生态养殖区，因地制宜发展生态养殖。

最后，要制定成文的法律规范并保障海水生态养殖的发展。要加强水产品质量安全的风险监督和管理、完善水产品溯源体系、水产品标志管理制度，确保提高海水养殖产品质量安全水平；要强化水产养殖污染控制、污染破坏治理制度，确保水产养殖依法行政；完善生态环境保护、生态环境补偿制度建设；要进一步健全绿色保障制度建设。

8.1.2 加强基础设施建设

海洋生态养殖发展需要较大的基础设施投入和建设。良好的基础设施建设是提高海水养殖发展能力的重要条件，也是现代化养殖可持续发展的重要基础和保障。因此，政府支持加强基础设施建设是促进渔村经济发展的重要途径，海水生态养殖必要的基础设施主要包括交通设施、养殖设施以及防灾措施。

首先，要加强交通配套设施建设。要进一步完善有关基础设施建设规划，完善沿岸道路、岸上水电管网配套等方面的建设；加强通信网络建设；加强联系市场、上游企业的交通物流网络建设。

其次，要加强海水生态养殖重大工程建设。实行海水生态化养殖对养殖的设施和环境提出了新的要求，采用新型节能、可循环清洁的设施以改造或替代旧的设施，这是改善养殖环境，提高生产条件及生态化养殖水平的重要前提，比如建立生态化、标准化池塘，布局深水网箱养殖系统、建设工厂化养殖工程等。另外一种比较大型的建设就是要加强渔业生态修复工程建设，比如海洋牧场建设、池塘养殖水体生态修复、水生生物自然保护区建设以及国家级水产种质资源保护区建设等。

最后，海水生态养殖要特别关注自然灾害、重大污染和鱼病疫情等情况的预测预警，积极构建有效的防控体系，增强海水养殖防灾抗灾能力，尽量降低灾害带来的损失。

8.1.3　加强技术支撑和引导

海水生态养殖要实现生态化、产业化、集约化发展，必须要以科学和技术的研究开发为基础。海水生态养殖的健康快速发展，需要依靠技术进步和推广。政府加强对海水生态养殖的技术支持，一方面是要加强技术创新平台的建设，另一方面是要促进海水生态养殖技术和信息的推广。

首先，要整合各方面科技力量，采取产、学、研结合的方式，促进海水生态养殖各方面技术的研发攻关。一是要加强海水养殖良种繁育工作。生态养殖高产优质的前提是良好的种质资源。积极开展良种的开发、筛选、培育和保护工作应该是实现生态化养殖的常规化工作。要鼓励科研单位、水产企业以及基层养殖户相互合作，做好海水养殖的品种选育工作；各海区或者省市，如果有条件的可以考虑建立保种场、育种场，以提升良种选育工作的效率和质量。二是要加强对养殖疫病防控技术的研发工作。水产养殖是一个介于自然和人工之间的生态系统，甚至人工的因素还更多，养殖过程中如果管理不当或者遇到天灾，都可能导致各种养殖疫病发生，因此应该积极探索研发生态防控产品。三是要进一步研发各种生态养殖新模式。基于共生、食物链原理等生态理论尝试创新发展多样化的生态养殖新模式。同时要加强包括人工渔礁、渔场形成机理、声光电驯化技术等方面的研究发展，从而为海水生态养殖产业健康、快速发展提供有效的技术支撑。考虑生态养殖新模式的发展问题还要坚持渔业养殖与环境保护之间的协调发展，关于海水养殖生态环境保护的基础技术研究也是其中之义。

其次，要加强生态养殖科技推广以及示范工作。积极推进水产技术推广体系改革，加快科技成果的推广转化工作。逐步建立起包括专家、技术指导员以及科技示范户在内的技术推广体系，落实科技到户的推广工作，完成生态养殖技术推广中的“最后一公里”。对于具体的推广内容，要“自上而下”和“自下而上”相结合，既要推广深水网箱养殖技术、多层次营养综合养殖等生态养殖新技术，也要解决养殖户提出的实际养殖问题，提高海水生态养殖产业的整体素质。

最后，要积极开展生态养殖技术培训和人才引进的服务工作。各级政府相关海洋渔业机构、科技部门要积极发挥公益职能，经常开展水产养殖培训，提高养殖户的业务知识水平；国家要鼓励开展水产技术为主的职业技术教育，逐渐培养一批年轻的、有技术的、能适应现代化渔业养殖的科技人才队伍和养殖新生代。

8.1.4 加大财政和信贷政策支持

国家从财政、信贷等方面给予海水生态养殖的支持和引导，是促进海水养殖生态化发展的重要推动力。从金融的角度给予海水生态养殖发展的支持，可以根据资金的使用方向来引导产业的发展趋势。

一是完善财政政策，加强政策性金融支持力度。政策性金融是我国支持农业建设的重要政策，国家可以在生态养殖基础设施投入、养殖技术创新和推广以及生态养殖产业化发展等各方面加强政策性信贷资金投入。同时，对于某些特别重要和关键的生态养殖技术和建设项目，设置专项财政资金给予扶持。

二是宽松信贷条件，增加信贷政策优惠。在各类商业银行、农村信用社、政策性银行等支农金融部门中，给予海水生态养殖项目一定宽松的信贷条件。有关海水生态养殖项目在贷款的审批、抵押担保、贷款利率等方面给予一定的政策优惠，重点扶持那些具有较好生态效益和经济效益的海水养殖项目。也鼓励商业性银行给予涉海贷款减息或无息的贷款条件，以提高企业和养殖户发展生态养殖的积极性。

三是要改善海水养殖产业的融资政策环境。一方面要为各种形式的金融机构与海水养殖产业发展的对接合作营造良好的政策氛围，同时还要鼓励和引导社会资本通过协作、参股、融资、合伙等多种形式参与生态养殖的发展，搭建起多层次、多元化和多渠道的投融资体系。

四是要建立健全生态养殖风险保障机制。现代海水生态养殖是一个高技术、高风险的行业。国家要发展政策性保险，以应对海水养殖业风险集中和不可控问题，在政策和财力等方面扶持和推广海水生态养殖产业的健康发展。除了政府政策和财力支持，也要结合商业保险机构办理和养殖户自筹风险基金等灵活的方式来为养殖业防控风险。通过整合政府、专业保险公司以及养殖户各方的资源优势，建立起较完善和强有力的风险保障体系。

8.1.5 创新海域使用权流转政策

海水养殖生态化的发展，需要对海域使用权进行调整，才能实现海洋资源的合理配置，提高海水养殖产业发展的效率，实现海水生态养殖的规模化发展，提升海水养殖产业集聚发展的效果。国家要做好海域使用权的规划评估工作，更加规范、有序地实行海域管理。国家要进一步构建健康的海域使用权流转机制，建立科学的海域使用权拍卖、定价机制，以保证海域使用权有效流转。兼顾公平和效率，主张遵循自愿自由的基本原则，鼓励和引导养殖户对闲置海域进行使用权的转让、租赁、抵押或者灵活调整。强化海域使用权流转的监督管理制度，杜绝海域使用权流转过程中为了经济利益而忽视环境保护的短视现象，保证海域使用权流转的有序运行。

8.2 海水养殖生态化发展中的组织制度创新

新制度经济学的代表、美国经济学家道格拉斯·诺斯在《西方世界的兴起》一书中明确指出：有效率的组织是经济增长的关键因素[154]。因此，在海水养殖业发展中，建立和发展相应的组织和制度政策作为保障，是现代渔业发展的必然要求。

8.2.1 强化养殖主体的核心作用

海水养殖业的健康持续发展与养殖户素质水平紧密相连。

养殖户是海水生态养殖的具体实践者，他们不仅是各项政策制度的推行对象，也是各项新技术的采纳者和应用者。先进的科学技术、生态新装备以及养殖新模式，最终必须通过养殖户的实践才能真正发挥作用并产生生产力，因此在海水生态养殖发展中，必须突出海水养殖户的主导地位。然而长期以来，我国海水养殖户分散经营、小规模经营、家庭个体经营的特征明显，而且养殖户普遍文化水平不高，技术水平和资金条件都比较有限，对生态化养殖的认识和运作能力也相对不足，因此进行生态化养殖模式转换的积极性、主动性都不高。而这种长期以来形成的主体弱化的局面，不利于海水养殖生态化发展的推进。

为了改变当前海水养殖规模小、分散经营与现代化生态养殖发展目标的矛盾困境，应该通过制度创新和政策引导，培育一大批具有一定规模经营经验、科学文化水平较高、能带动养殖户生产经营活动的核心养殖户。对于那些符合目标要求的核心养殖户，可以在农资信贷、市场信息方面给予帮助，或者通过补贴等方式给予必要支持和鼓励。对于那些规模较小的养殖户，一方面要鼓励兼并与合作，鼓励合法的海域使用权流转，实现合作经营，不断提高竞争力，积极参与到现代化、生态化养殖模式转变中来；另一方面要鼓励他们自愿转为龙头企业或者核心养殖户的雇佣劳动力，促进海域流转与适度规模经营以及渔民的分业分化。

8.2.2 加强龙头企业建设

管理规范、功能齐全的海水生态养殖龙头企业能够产生较大的凝聚和示范作用，带动周边区域分散养殖户的生态养殖行为，提高海水生态养殖的产业化组织程度，因此要加快培育和强化扶持海水生态养殖龙头企业。围绕区域海洋渔业发展规划和海洋功能区划，要进一步合理布局和建设海水生态养殖中的龙头企业，完善其与水产上游企业、周边养殖户以及市场消费者等产业链各方面的利益分配体系，提高生态养殖一体化经营水平和产业化发展程度，进一步提高海水生态化养殖、规模化经营水平，切实提高海洋渔业发展和海洋生态保护水平，促进社会、经济和生态的协调发展。

8.2.3 强化渔业专业合作组织建设

海水养殖生态化发展伴随着规模化、产业化和市场化的转变，这一转变过程中，需要加强渔业合作组织建设。近年来，我国各类农村合作组织有了很大发展，并且随着《中国农民专业合作社组织法》的颁布与实施，各类专业合作组织逐步走上崭新的规范化发展轨道。通过鼓励和引导海水生态养殖中成立专业的养殖合作社，可以直接建立养殖户和水产企业的连接纽带。基于产业联盟或者合作组织的作用，可以进一步合理分工协作，提高养殖效率，促进产业高效发展。比如生态养殖户负责提供生态养殖水产品，而水产企业完成收购、加工、包装、运输等后续工作直到产品进入市场，以分散生态养殖户可能面临的市场风险。合作社与水产企业可以对养殖品种、产品质量等进行统一管理和跟踪，保证产品满足市场需求，实现海水生态养殖规模化和程序化发展。

基于生态发展目的建立的海水养殖合作社，要特别考虑以下几方面内容，才能为养殖户提供适宜的服务并带来实惠。一是养殖专业合作社的建立要适应当地海水养殖的实际发展需要；二是合作社要发挥有效的管理作用，对生态化养殖产品的品种结构、养殖密度以及质量安全等要进行规范和监督，防范生产能力过剩以及产品质量安全问题；三是合作社要做好信息搜寻、政府政策的传达工作，既要调动社员积极性也要寻求政府的扶持，建立起生态养殖规范化的生产经营；四是要遵循养殖发展与环境保护相互协调的理念，做好养殖生态系统的维护，促进生态养殖可持续发展。

8.3 本章小结

本章从政府扶持体系构建和组织制度建设两方面分别对我国海水养殖业生态化转型的推进策略进行分析。首先，政府政策倾向及具体措施对海水生态养殖转型发展起着重要的影响作用，各级政府通过强化扶持制度保障、加强基础设施建设、加强技术支撑和引导、加大财政和信贷政策支持以及创新海域使用权流转政策，为海水生态养殖提供相应的政策保障、资金支持、技术支撑和信息服务等，从而更好地推动海水生态养殖发展。其次，海水生态养殖发展中的组织制度创新是现代渔业发展的重要特征，主要从强化养殖主体的核心作用、加强龙头企业建设和强化渔业专业合作组织建设三个方面加强创新发展，发挥海水生态养殖转型过程中各参与主体的重要作用。

9 研究结论与研究展望

经过五次养殖浪潮，我国海水养殖业不仅养殖品种逐渐丰富、养殖产量逐年递增，养殖模式也不断转变。然而，海水养殖产业发展依然呈现出了资源导向性、空间离散性和产业弱质性等农业布局的一般特性，这在一定程度上导致了海域的生态环境问题日益严重，因此在海水养殖过程中探索新型的养殖模式，以减少环境污染，提高生态效率是海水养殖业可持续发展的重要课题之一。同时，随着我国居民对水产品消费需求不断上升以及对产品质量问题日益关注，如何保障高质量无污染海水产品的有效供给是我国海水养殖业发展过程中的重要目标之一。而实行海水生态化养殖无疑为实现这两大目标提供了有效途径。同时，海水养殖生态化发展有利于提高养殖从业者收入以及提高水产品的市场竞争力。海水生态养殖方兴未艾，关于该领域的研究依然任重道远，还有很多难题有待解决，很多未知内容有待挖掘。

9.1 研究结论

本书基于生态经济学、循环经济学、博弈理论、演化经济学等相关理论，对我国海水养殖业生态化转型问题展开研究。第一，本书描述了海水生态养殖内涵、目标、特征、类型模式以及发展意义等内容，结合国内外海水生态养殖的发展实践，基本勾勒出我国海水养殖生态化发展的理论和实践发展框架。

第二，对我国海水养殖生态化发展进行评价分析，基于非期望产出的 SBM 模型和 Malmquist-Luenberger 指数对纳入环境因素的海水养殖业环境技术效率和环境全要素生产率的具体情况进行了考察，结合这两部分的分析，佐证了我国推进生态化养殖的必要性和必然性问题；并以此为基础，实证分析了影响海水养殖环境全要素生产率的主要因素。第三，根据调研取得的微观数据，采用演化博弈模型和数值仿真等方法对生态化养殖模式转变过程中各相关主体的决策互动机制及影响因素进行理论推导和实证分析。第四，本书最后提出推进我国海水养殖生态化发展的策略选择。本书的主要研究结论如下。

(1) 我国海水养殖转型发展势在必行，海水养殖生态化发展是海水养殖业未来发展的重要解决方案。

我国海水养殖产业虽然产量和产值稳步上升，但是也产生了很多问题，尤其是传统养殖模式下养殖污染问题凸显，海水养殖水产品的质量安全问题严峻，因此我国海水养殖生态化转型势在必行。海水生态养殖充分考虑到海洋生态系统生物多样性、共生互补性、整体稳定性的自然规律，旨在建立资源永续、循环稳定、环境友好、安全高效的生态系统，是一种生态、健康、科学的养殖模式，是充分体现养殖活动与生态环境的本质关系和发展规律的养殖模式。海水生态养殖体现在生产、分配及产品流通各个环节中的循环发展。海水生态养殖的高效性和持续性集中体现在较高的经济效益、社会效益和生态效益，这是现代化渔业养殖发展的重要方向和要求。海水生态养殖充分考虑到适度性问题，坚持因地制宜、不断调整以适应生态条件和技术更新。海水生态养殖的这些优越性使它受到国际市场的青睐，近年来国家政策积极导向，生态技术也不断发展，养殖模式不断改进，我国也出现了很多成功的生态养殖案例，取得了较好的发展成效；而国际上主要渔业养殖国家也已经先后开展海水生态养殖的实践，取得了很好的成果并积累了丰富的经验，这也证明了海水生态化发展是海水养殖业未来发展的重要解决方案。

(2) 环境约束下海水养殖生态化发展的评价分析。

为了更加科学、精细地掌握我国海水养殖产业的生态化发展水平，本书构建了我国海水养殖产业的投入产出指标体系，并引入了海水养殖污染表示养殖中的非期望产出，估算我国海水养殖业的环境技术效率和全要素生产率，从而为我国实施海水养殖生态化发展提供较好的数据分析。主要研究内容分为两个方面，一是从静态角度，测算考虑环境因素的我国海水养殖业技术效率，主要是采用SBM方向性距离函数，将环境非期望产出引入到海水养殖业技术效率核算体系中，比较考虑和不考虑环境因素的技术效率水平。二是从动态角度，采用Malmquist-Luenberger（ML）生产率指数测算考虑环境因素情况下我国沿海各省市的海水养殖业全要素生产率，然后将其分解为技术效率和技术进步两方面，并讨论其增长动力，比较分析沿海各省市海水养殖业全要素生产率的时空分异趋势。测算结果表明：

第一，从总体特征角度分析，我国海水养殖业发展虽然对海洋环境产生了一定的影响，但是还没有进入不可逆的状态。如果不考虑环境约束，测算结果往往要高于纳入环境约束时的值，这说明考虑环境约束的环境效率测算值更能反映海水养殖产业的真实绩效。

第二，从增长动力的角度看，考虑环境约束或者不考虑环境约束，我国主要省市海水养殖产业的技术进步是提高全要素生产率的重要贡献因素。

第三，从区域差异的角度分析，环渤海经济圈和东海经济圈海水养殖业的环境技术效率要明显低于南海经济圈，但是环渤海经济圈和东海经济圈海水养殖业的环境全要素生产率年均增长率要明显高于南海经济圈。从省际差异的角度分析，各省市在环境技术效率和环境全要素问题上表现并不同步，差异较大。

第四，从不同的发展阶段来看，我国海水养殖主要省份的投入产出以及产业布局发生了显著的变化。

(3) 海水养殖业全要素生产率影响因素的实证分析。

考虑以纳入非期望产出而测算得到的海水养殖环境全要素生产率作为衡量海水养殖生态化发展的基本指标，通过建立面板数据模型实证分析影响海水养殖环境全要素生产率的主要因素，以明确这些因素与海水养殖生态化发展的关系，更好地把握海水养殖生态化发展的规律和政策方向。实证结果如下。

渔民收入水平与海水养殖业环境全要素生产率之间存在U形的二次关系。渔业经济的发展和渔民收入水平的提高，一方面对养殖生态环境造成影响，另一方面养殖户也有动力实现养殖生态化发展转型。

财政支持政策对海水养殖业环境全要素生产率的正向影响显著，这说明财政支农支出在地方财政总支出的比重越高，海水养殖业环境全要素生产率越高，财政政策的有效支持可以促进海水养殖产业和环境协调发展。

海水养殖产业集聚水平对环境全要素生产率具有正向显著影响，这说明海水养殖环境全要素生产率随着养殖产业发展的专业化程度提高而提高。未来海水养殖的健康发展，要积极探索有效开展相同海域或者跨海域之间的合作模式，促进海水养殖业的转型发展。

水产行业的贸易开放度对海水养殖业的环境全要素生产率具有正向显著作用，一个地区或是国家的水产贸易越发达，越有助于提高其海水养殖产业的环境全要素生产率，实现养殖产业和环境保护的协调发展。

养殖技术服务水平对海水养殖环境全要素生产率具有正向显著作用，这说明提高养殖技术人员的服务水平，可以有效提升海水养殖环境全要素生产率水平，促进海水养殖产业的可持续发展。国家和各级地方政府通过开展各种技术指导和培训，切实落实先进技术对传统海水养殖的改造，提高各项管理工作的质量，提高海水养殖的效率。

另外，海水养殖结构调整对海水养殖业环境全要素生产率的影响不显著；工业化程度变量的估计系数是负号，但估计结果不显著，这说明工业化发展并不会带来全要素生产率的降低；政府实行资源环境管理政策对海水养殖环境全要素生产率负向不显著。

(4) 海水养殖户发展生态养殖的意愿及影响因素分析。

海水养殖户是生态养殖的主要参与者和实践者，在采纳生态养殖模式转变的过程中，面临着成本、技术、劳动力等各方面的制约，这些压力会对养殖户决定是否采用生态养殖模式的意愿产生影响。教育、务农人数、海水养殖环境污染认知、生态养殖模式了解程度以及对养殖污染治理政策了解程度，对海水养殖户的生态养殖模式采纳意愿有影响。要积极发挥政府在提高海水养殖户对生态养殖模式的采纳意愿上的作用，从加强生态知识宣传、加强生态技术培训、提高政策透明度以及关注海水养殖中的核心养殖户等方面积极作为，提高海水养殖户采纳生态养殖模式的意愿。

(5) 环境约束下海水养殖生态化发展的演化机制分析。

海水养殖生态化发展中的各利益相关者，包括政府、水产企业、其他养殖户以及消费者等都对海水养殖户生态养殖模式实施行为产生一定的影响。通过这些参与主体之间的演化博弈，实现了海水养殖向生态化、现代化方向演进。三组主体之间的演化博弈结果如下。

第一，从海水养殖户之间的博弈来看，一方面，所有海水养殖户都演化为采纳生态养殖模式的情况往往发生在采纳生态化养殖模式的水产品市场销路更好，收益更多，并且生态化养殖所需增加的投资成本不高的条件下，此时海水养殖户更有积极性实现养殖模式的改进和创新。另一方面，关于生态化养殖模式转变过程中还存在“搭便车”的现象，如果双方均采取生态化养殖模式的收益小于一方采纳而另一方不采纳生态化养殖模式时的收益，那么这时候少部分的养殖户就会放弃主动采纳生态化养殖模式，反而可能出现“搭便车”的现象，因为这时候不采纳生态化养殖模式的养殖户“搭便车”的机会和利益特别大，这也会在一定程度上降低海水养殖户采纳生态化养殖模式的概率。

第二，从供应链视角来看海水养殖户和水产企业之间博弈，生态化养殖可以保护养殖环境，减少养殖污染，从而提高养殖水产品的绿色度和质量，而水产企业投资海水生态养殖，有利于减少费用成本，提高产品附加值和销售量，长期致力于投资生态养殖的水产企业还可以提高其在业内的影响力和品牌价值。因此海水养殖户和水产企业都有动力采纳和投资生态化养殖。但是实行生态化养殖受到养殖成本、加工成本、技术更新、收购价格、市场需求和销售价格等各方面的影响，养殖户和水产企业也可能选择不采纳、不投资生态化养殖。

基于调研数据的数值仿真结果，也实证了供应链视角下演化路径的影响因素及其作用机制。首先，随着生态养殖水产品的价格不断增加，演化路径从收敛于（0，0）逐渐转变为收敛于（1，1）。由此可见，在一定的范围内适当增加海水生态化养殖产品的价格确实可以推进海水生态养殖模式的升级。其次，不论水产企业考虑投资或不投资生态养殖，随着海水养殖户采纳生态化养殖的成本不断提高，只要海水养殖户采纳生态养殖模式取得的收益超过不采纳生态养殖的收益，那么生态养殖模式仍然是海水养殖户的优选方案，系统逐渐收敛到演化稳定点（1，1）。最后，随着企业投资生态养殖的成本的值不断增大，供应链视角下演化速度逐渐减慢。可见，成本是影响水产企业投资生态养殖的重要因素，只有尽量降低水产企业投资生态养殖的成本，企业才会有动力参与到生态养殖的投资和管理中，系统收敛到演化稳定点（1，1）的概率才会增大。

第三，在政府监管机制下，考虑海水养殖户与政府之间的演化博弈过程，只要海水养殖户生态化养殖模式下带来的收益高于非生态养殖的收益，且两者都为正值，则不论政府是否实行监管，养殖户的最优选择都是采用生态化养殖模式。但是，当没有政府监管时，养殖户采用普通养殖的收益要高于生态化养殖模式下的收益；政府对生态养殖实行监管，监管成本低于对未采用生态化养殖模式的养殖户的罚款；在政府监管的情况下，养殖户扣除政府罚款后非生态化养殖的收益要小于养殖户生态化养殖收益与政府给予的补贴之和，此时系统不存在稳定点，海水养殖户和政府都采取了混合策略。

从数值仿真的结果来看，首先政府对海水养殖生态化投资给予不同的补贴条件下，对演化结果的影响表明，政府对养殖户的生态养殖投资给予的补贴率越高，则养殖户越倾向选择采纳生态养殖策略，而政府最终选择放弃监管。其次，考虑如果政府对那些未采用生态养殖模式的行为收取罚款，结果显示，政府监管机制下，一开始对非生态化养殖行为采取提高罚款的做法，可以加快海水养殖户选择生态养殖，但是一旦罚款太高，海水养殖户向生态转型的速度反而下降。这说明不能过度依赖政府监管来促进海水养殖户实现生态养殖，应该结合水产企业、其他农业合作组织等各方面的力量来促进海水养殖的生态化转型。

(6) 我国海水养殖生态化发展的推进策略。

海水生态养殖离不开政府的大力扶持，政府的政策倾向及具体政策支持对海水生态养殖有着重要的影响作用。首先，政府相关管理部门通过规范养殖海域使用与海域流转、对海水生态养殖提供财政和税收支持、加强海水生态养殖基础设施建设等一系列政策和措施，为海水生态养殖提供相应的技术支撑和信息服务，从而更好地推动海水生态养殖发展。其次，在推动海水养殖生态化转型中要注重海水生态养殖发展中的组织制度创新，强化养殖主体的核心作用，加强龙头企业建设，强化渔业专业合作组织建设。

9.2 研究展望

本书通过将环境因素纳入海水养殖业的效率研究分析框架，推引出生态化养殖是提高海水养殖业绿色生产率，促进水产品质量安全的有效途径，在研究视角方面有一定的拓展。本书在进一步对海水生态化养殖模式转变的主体决策互动机理进行了分析。但是受限于数据资料的可得性问题，以及出于本书研究范围的考虑，本书只对关键性的问题进行了分析，总体而言，本研究还属于基础性、局部性的。很多相关的问题在本书中只是简单提及，并未深入分析，然而这些问题对于生态化养殖业的研究和发展非常重要，应该纳入研究的框架内，具体来看，进一步研究的内容包括以下几个方面。

①对实行生态化养殖的政府制度框架的研究，进一步提升研究的理论意义和现实价值。从制度安排的角度推进海水生态化养殖的进程，系统地研究政府在推进生态化养殖过程中的保障体系、实施策略、政策工具以及效果评估，这是海水生态养

殖研究的重要内容。在本书第六部分的研究中可以发现，在实行海水生态化养殖的初期，政府的角色非常重要。在未来的研究中，尤其要关注政府不同的政策工具及其组合操作在推进生态化养殖发展过程的实施效果，实现尽可能准确的评估、分析和预测，这不仅是理论的丰富，同时也是推进实际政策落地的重要指导。

②建立生态化养殖与海水养殖环境保护的实证分析。本研究虽然推引出生态化养殖是海水养殖业与生态环境保护和谐发展的有效途径之一，但是生态化养殖具体运行结果如何？对海水养殖的绿色生产率的影响如何进行模拟与评价？这是须要进一步研究的又一重要内容。在今后的研究中，考虑构建科学的生态化养殖绩效评价体系，在模拟或实际估测绩效指数的基础上，进一步控制相关变量，探讨各种不同的生态化养殖模式对海水养殖中生态环境保护的影响。

③本书选择的案例仅从宁德市出发，并且大黄鱼养殖属于该区域发展比较成熟的产业，以此分析研究生态化养殖中养殖户的采纳意愿等问题，有一定的片面之嫌。显然，如何在一般适用性的角度，针对国内外各地具体实践发展模式，进行有区别、有重点的更加深入、细致的研究、比较，也是未来进一步努力的方向。

参 考 文 献

[1] Pikitch E K, Santora C, Babcock E A, et al. Ecosystem-based fishery management [J]. Science, 2004, 305: 346-347.

[2] Sherman K, McGovern G. Frontline observations on climate change and sustainability of large marine ecosystems. Large Marine ecosystems, 2013, 17.

[3] A Neori, T Chopin, M Troell, et al. Integrated aquaculture: rationale, evolution and state of the art emphasizing seaweed biofiltration in modern mariculture [J]. Aquaculture, 2004, 231: 361-391.

[4] Max Troell, Alyssa Joyce, Thierry Chopin, et al. Ecological engineering in aquaculture-Potential for integrated multi-trophic aquaculture (IMTA) in marine offshore systems [J]. Aquaculture, 2009, 297 (1-4): 1-9.

[5] T Chopin. Marine aquaculture in Canada: well-established monocultures of finfish and shellfish and an emerging integrated multi-trophic aquaculture (IMTA) approach including seaweeds, other invertebrates, and microbial communities [J]. Fisheries, 2015, 40 (1): 28-31.

[6] Schmidt G, Espinos F, et al. Diversification in Aquaculture: A Tool for Sustainability [EB/OL]. http://www.mapama.gob.es/app/jacumar/recursos, informacion/Documentos/Publicaciones/270_guia_diversificacion_en.pdf, 2017-05-13.

[7] 方建光，唐启升．实施多营养层次综合养殖 构建海洋生态安全屏障 [J]. 中国农学通报，2008（增刊）.

[8] 孙吉婷，赵玉杰．我国碳汇渔业发展模式研究 [J]. 东岳论丛，

2011 (8): 150 - 155.

[9] 盛立超. 湛江海水养殖业可持续发展研究 [D]. 湛江: 广东海洋大学, 2012.

[10] 唐启升, 丁晓明, 刘世禄, 等. 我国水产养殖业绿色、可持续发展保障措施与政策建议 [J]. 中国渔业经济, 2014, 32 (2): 1 - 11.

[11] 刘堃. 海水健康养殖业内涵特征及发展对策研究 [J]. 渔业信息与战略, 2015, 30 (3): 186 - 191.

[12] 方建光, 李钟杰, 蒋增杰, 等. 水产生态养殖与新养殖模式发展战略研究 [J]. 中国工程科学, 2016, 18 (3): 22 - 28.

[13] 秦宏, 张莹, 叶川川. 海水养殖生态经济系统的概念与构成研究 [J]. 海洋科学, 2017, 41 (12): 110 - 116.

[14] 秦宏, 叶川川, 张莹. 海水养殖生态经济系统状态评价研究——以山东省为例 [J]. 经济问题, 2017 (9): 100 - 105, 113.

[15] 孙兆明, 李树超. "蓝黄" 战略视域下的海水养殖业转型发展研究 [J]. 山东社会科学, 2012 (5): 144 - 148.

[16] 王夕源. 山东半岛蓝色经济区海洋生态渔业发展策略研究 [D]. 青岛: 中国海洋大学, 2013.

[17] A M Nobre, D Robertson-Andersson, A Neori, et al. Ecological-economic assessment of aquaculture options: Comparison between abalone monoculture and integrated multi-trophic aquaculture of abalone and seaweeds [J]. Aquaculture, 2010, 306 (1 - 4): 116 - 126.

[18] A Neori, M Shpigel. An integrated system for farming fish, seaweed and abalone [M]. Wallingford: CAB International Aquaculture Compendium, 2006.

[19] A M Cubillo, J G Ferreira, S M C Robinson, et al. Role of deposit feeders in integrated multi-trophic aquaculture-A model analysis [J]. Aquaculture, 2016, 453 (2): 54 - 66.

[20] V Fernandez-Gonzalez, K Toledo-Guedes, J M Valero-Rodriguez,

et al. Harvesting amphipods applying the integrated multitrophic aquaculture (IMTA) concept in off-shore areas [J]. Aquaculture, 2018, 489 (3): 62-69.

[21] Yu Z, S M C Robinson, J Xia, et al. Growth, Bioaccumulation and Fodder Potentials of the Seaweed *Sargassum hemiphyllum* Grown in Oyster and Fish Farms of South China s [J]. Aquaculture, 2016c, 464: 459-468.

[22] 来琦芳，关长涛．以色列水产养殖现状 [J]. 现代渔业信息，2007 (3): 7-10.

[23] Bert T M. Ecological and Genetic Implications of Aquaculture Activities [M]. Dordrecht: Klewer Publications, 2007: 433-446.

[24] 毛玉泽，李加琦，薛素燕，等．海带养殖在桑沟湾多营养层次综合养殖系统中的生态功能 [J]. 生态学报，2018，38 (9): 3230-3237.

[25] 唐启升，方建光，张继红，等．多重压力胁迫下近海生态系统与多营养层次综合养殖 [J]. 渔业科学进展，2013，34 (1): 1-11.

[26] Costanza R, Arge R, Groot R. The value of the world's ecosystem services and natural capital s [J]. Nature, 1997: 253-260.

[27] 申玉春，叶富良，梁国潘，等．虾—鱼—贝—藻多池循环水生态养殖模式的研究 [J]. 湛江海洋大学学报，2004 (4): 10-16.

[28] 彭友贵，陈桂珠，佘忠明，等．红树林滩涂海水种植—养殖生态耦合系统初步研究 [J]. 中山大学学报（自然科学版），2004 (6): 150-154.

[29] 黄凤莲，陈桂珠，夏北成，等．滩涂海水养殖生态模式研究 [J]. 海洋环境科学，2005 (1): 16-20.

[30] 梁斌，张建，周恩华，等．美国生态水产养殖模式与常规混养模式的环境效应比较 [J]. 生态与农村环境学报，2010，26 (4): 339-343.

[31] 王海华，傅义龙，徐先栋，等．鄱阳湖区加州鲈网箱生态养殖模式的效果评估 [J]. 中国生态农业学报，2013，21 (8):

1009 - 1015.

[32] 任贻超．刺参（Apostichopus japonicus Selenka）养殖池塘不同混养模式生物沉积作用及其生态效应［D］．青岛：中国海洋大学，2012.

[33] 王恩辰．海洋牧场建设及其升级问题研究［D］．青岛：中国海洋大学，2015.

[34] K A Alexander，D Angel，S Freeman，et al. Improving sustainability of aquaculture in Europe：Stakeholder dialogues on Integrated Multi-trophic Aquaculture（IMTA）s［J］. Environmental Science & Policy，2016，55：96 - 106.

[35] A D Hughes，K D Black. Going beyond the search for solutions：understanding trade-offs in European integrated multi-trophic aquaculture development［J］. Aquac. Econ. Manag.，2016，8：191 - 199.

[36] Alexander K A，Hughes A D. A problem shared：technology transfer and development in European integrated multi-trophic aquaculture（IMTA）［J］. Aquaculture 2017，473：13 - 19.

[37] Periklis Kleitou，Demetris Kletou，Jonathan David. Is Europe ready for integrated multi-trophic aquaculture? A survey on the perspectives of European farmers and scientists with IMTA experience［J］. Aquaculture，2018，490（3）：136 - 148.

[38] 马雪健，刘大海，胡国斌，等．多营养层次综合养殖模式的发展及其管理应用研究［J］．海洋开发与管理，2016，33（4）：74 - 78.

[39] 陈涛．生态技术推广的体制性缺陷与破解路径——皖南大公圩生态养殖技术推广的实践与启示［J］．广西民族大学学报（哲学社会科学版），2010，32（6）：87 - 93.

[40] 董晓晓．我国海洋渔业生态化转型及其国际合作研究［D］．青岛：中国海洋大学，2012.

[41] 马林，黄通．海产品供应链与海水生态养殖的博弈分析［J］．渔业经济研究，2007（5）：2 - 5.

[42] 蒋艳萍，吕建秋，叶延琼，等．广东水产行业生态养殖现状调查与对策研究——基于珠海市白蕉镇的水产业调查 [J]. 广东科技，2014，23 (18)：12-15.

[43] 虞为，李卓佳，朱长波，等．我国对虾生态养殖的发展现状、存在问题与对策 [J]. 广东农业科学，2011，38 (17)：168-171.

[44] Färe R，Grosskopf S，Hemandez-Sancho F. Environmental performance：an index number approach [J]. Resource and Energy Economics，2004，26：343-352.

[45] Hailu A，Veeman T. Non-parametric productivity analysis with undesirable outputs：an application to canadian pulp and paper industy [J]. American Journal of Agricultural Economics，2001，83：605-616.

[46] Reinhard S，Thijssen G. Nitorgen efficiency of Dutch Dairy Farms：A shadow cost system approach [J]. European Review of Agricultural Economics，2000，27：167-186.

[47] Färe R，Grosskopf S，Lovell C A K，et al. Multilateral productivity comparison when some outputs are undesirable：A nonparametric approach [J]. Review of Economic Statistics，1989，71：90-98.

[48] Seiford L M，Zhu J. Modeling undesirable factors in efficiency evaluation [J]. European Journal of Operational Research，2002，142：16-20.

[49] Jahanshahloo G R，Vencheh A H，Foroughi A A，et al. Inputs/outputs estimation in DEA when some factors are undesirable [J]. Applied Mathematics and Computation，2004，156：19-32.

[50] Atidnson S E，Dorfinan J H. Bayessian measurement of productivity and efficiency in the presence of undesirable outputs：crediting electric utilities for reducing air pollution [J]. Journal of Econometrics，2005，126：445-468.

[51] Tone K. A slacks-based measure of efficiency in data envelopment analysis [J]. European Journal of Operational Research，2001，

130：498－509.

[52] 刘勇，李志祥，李静．环境效率评价方法的比较研究［J］. 数学的实践与认识，2010，1：84－92.

[53] Guttormsen A G. Input factor substitutability in salmon aquaculture ［J］. 2002，17（2）：91－102.

[54] Tveteras R，Battese G E. Agglomeration externalities，productivity，and technical inefficiency ［J］. Journal of Regional Science，2006，46：605－625.

[55] Asche F，Roll K H，Tveterås R. Economic inefficiency and environmental impact：an application to aquaculture production ［J］. Journal of Environmental Economics and Management，2009，58：93－105.

[56] Nilsen O B. Learning-by-Doing or Technological leapfrogging：production frontiers and efficiency measurement in Norwegian salmon Aquaculture ［J］. Aquaculture Economics and Management，2010，14：97－119.

[57] Edward E O，Brümmer B，Hörstgen-Schwark G. Elements which delimitate technical efficiency of fish farm in Ghana ［J］. Journal of the World Aquaculture Society，2010，41（4）：506－518.

[58] Seini A W，Nyanteng V K，Owusu K. Fish and food security in Ghana ［R］. A report prepared for the Food and Agriculture Oiganisadon（FAO）of the United Nations，2002.

[59] Tamini L D，Larue B，West G E. Technical efficiency，environmental efficiency：Productivity and Beneficial Management Practices ［J］. Working Paper，2011（4）.

[60] Martinez-Cordero F J，Leung P S. Sustainable aquaculture and producer performance：measurement of environmentally adjusted productivity and efficiency of a sample of shrimp farms in Mexico ［J］. Aquaculture，2004，241（1－4）：249－268.

[61] O'Donnell C J. Econometric estimates of productivity and efficiency

change in the Australian Northern prawn fishery [C]. Proceedings of the National Marine Fisheries Service Productivity Workshop, SWFSC Technical Memorandum No. NOAA-TM-NMFS-SWFSC-503, 2013.

[62] Fissel B E, Felthoven R G, Kasperski S, et al. Decomposing productivity and efficiency changes in the Alaska head and gut factory trawl fleet [J]. Marine Policy, 2015, (62): 337 - 346.

[63] 山世英. 科研投入对水产养殖业生产效率的影响 [J]. 中国集体经济, 2007 (20): 165 - 167.

[64] 卢江勇, 傅国华, 过建春. 海南省渔业经济增长方式实证分析[J]. 水利渔业, 2005 (5): 113 - 115.

[65] 高强, 王海雨, 赵月皎. 基于 DEA 模型的我国淡水养殖生产效率实证研究 [J]. 中国渔业经济, 2012 (2).

[66] 王端岚. 中国水产养殖业的生产效率及其影响因素研究 [J]. 海洋开发与管理, 2013 (2).

[67] 张成, 张伟华, 高志平. 我国水产养殖业技术效率和全要素生产率研究 [J]. 农业技术经济, 2014 (6): 38 - 45.

[68] 徐敬俊, 覃恬恬. 基于 Malmquist 指数的广东省海水养殖生产效率的实证分析 [J]. 海洋开发与管理, 2018, 35 (11): 98 - 103.

[69] 张宗利, 基于 DEA 模型的江苏省鲤科鱼类养殖技术效率和适度规模研究 [J]. 中国渔业经济, 2016, 34 (5).

[70] 汤智慧, 徐翔. 不同规模罗非鱼养殖技术效率差异及影响因素研究——基于 SBM-Tobit 模型 [J]. 江苏农业科学, 2015, 43 (11): 584 - 588.

[71] 邢丽荣. 环境与技术视角下水产养殖生产效率及影响因素研究 [D]. 南京: 南京农业大学, 2014.

[72] 陆建珍, 邢丽荣, 袁新华, 等. 青虾池塘养殖环境效率分析 [J]. 长江流域资源与环境, 2014, 23 (8): 1097 - 1104.

[73] 王萍萍. 考虑非期望产出的我国海水养殖业效率测评与提升对策研究 [D]. 青岛: 中国海洋大学, 2015.

[74] 纪建悦，曾琦．考虑非期望产出的中国海水养殖业全要素生产率研究——基于 Global Malmquist-Luenberger 指数 [J]．中国海洋大学学报（社会科学版），2017（1）：43-48.

[75] 孙康，季建文，李丽丹，等．基于非期望产出的中国海洋渔业经济效率评价与时空分异 [J]．资源科学，2017，39（11）：2040-2051.

[76] 秦宏，张莹，卢云云．基于 SBM 模型的中国海水养殖生态经济效率测度 [J]．农业技术经济，2018（9）：67-79.

[77] 戴锦．产业生态化理论与政策研究 [D]．大连：东北财经大学，2004.

[78] 徐中民，张志强，程国栋．当代生态经济的综合研究综述 [J]．地球科学进展，2000（6）：688-694.

[79] 张明军，孙美平，周立华．对生态经济学若干问题的思考 [J]，国土资源与自然资源研究，2006（2）：49.

[80] 滕藤．生态经济与相关范畴 [J]．生态经济，2002（12）：2-6.

[81] 李周．生态经济理论与实践进展 [J]．林业经济，2008（8）：10-16.

[82] 李周．生态经济理论与实践进展（续） [J]．林业经济，2008（10）：6-11.

[83] 李周．生态经济学 [M]．北京：中国社会科学出版社，2015.

[84] 王晶．鄱阳湖生态经济区产业生态化研究 [D]．南昌：江西财经大学，2013.

[85] 冯之浚．循环经济的范式研究 [J]．中国人口・资源与环境，2007（4）：10-13.

[86] 曹光辉，齐建国．循环经济的技术经济范式与政策研究 [J]．数量经济技术经济研究，2006（5）：112-121.

[87] 王国印．论循环经济的本质与政策启示 [J]．中国软科学，2012（1）：26-38.

[88] 索尔斯坦・凡勃伦．经济学为什么不是一门演化的科学 [J]．贾根良，译．北京：中国人民大学出版社，2004.

[89] Jack J Vromen. 经济演化：探究新制度经济学的理论基础 [M]. 李振明，等，译．北京：经济科学出版社，2003.

[90] Armen A. Alchian, Uncertainty, Evolution, and Economic Theory, The Journal of Political Economy, 1950, 58 (3): 211 - 221.

[91] Nelson R R, Winter S G. An Evolutionary Theory of Economic Change [M]. Cambridge: Belknap Press, 1982.

[92] Henrich, Joseph. Cultural Group Selection, Coevolutionary Processes and large-scale Cooperation [J]. Journal of Economic Behavior&Organization, 2003 (1): 1 - 31.

[93] 黄凯南．演化博弈与演化经济学 [J]. 经济研究，2009 (2): 134.

[94] Vincent T L, Brown J S. Evolutionary Game Theory, Natural Selection and Darwinian Dynamics [M]. Cambridge: Cambridge University Press, 2005.

[95] John F Nash, Jr Source. The Bargaining Problem [J]. Econometrica, 1950, 18 (4): 155 - 162.

[96] Schmidt Christian. Are Evolutionary Games another Way of Thinking about Game theory? Some Historical Considerations [J]. Journal of Evolutionary Economics, 2004 (14): 249 - 262.

[97] Weibull J W. Evolutionary game theory [M]. Cambridge: The MIT Press, 1995.

[98] Maynard Smith J, G R Price. The Logic of Animal Conflicts [J]. Nature, 1973, 246: 15 - 18.

[99] Taylor P D, L B Jonker. Evolutionarily Stable Strategy and Game Dynamics, Math Biosci, 1978, 40: 145 - 156.

[100] Gintis H A. Framework for the Unification of the Behavioral Sciences [J]. Behavioral and Brain Sciences, 2007, 30: 1 - 10.

[101] Maynard Smith J. Evolutionary and the theory of game [M]. Cambridge: Cambridge University Press, 1982.

[102] Kanioviski Y M, Young H P. Learning Dynamics in Games with Stochastic perturbations [J]. Games and Economic Behavior,

1995，11：330-363.

[103] 谢识予．有限理性条件下的进化博弈理论［J］．上海财经大学学报，2001（5）：3-9.

[104] 高芳．云南省旅游产业演化影响因素研究［D］．昆明：云南大学，2017.

[105] 伍国勇．农业生态化发展路径研究［D］．重庆：西南大学，2014.

[106] 袁增伟，毕军，张炳，等．传统产业生态化模式研究及应用[J]．中国人口·资源与环境，2004（2）：108-111.

[107] 张文龙，邓伟根．产业生态化：经济发展模式转型的必然选择［J］．社会科学家，2010（7）：44-48.

[108] Bjorndal T. Optimal Harvesting of Farmed Fish [J]. Marine Resource Economics，1988，5（2）：139-159.

[109] 杨正勇，潘小弟．生态渔业的主要模式［J］．生态经济，2001（3）.

[110] Troell M，Halling C，et al. Integrated mariculture：asking the right questions [J]. Aquaculture，2003，226（1-4），69-90.

[111] Zhang J，Hansen P K，et al. Assessment of the local environmental impact of intensive marine shellfish and seaweed farming—application of the MOM system in the Sungo Bay，China [J]. Aquaculture，2009，287（3-4）：304-310.

[112] 丁夫，吕彩霞．海洋百科词典［M］．北京：海洋出版社，2001.

[113] 张国胜，陈勇，张沛东，等．中国海域建设海洋牧场的意义及可行性［J］．大连水产学院学报，2003（2）：141-144.

[114] 杨吝，刘同渝，黄汝堪．人工鱼礁的起源和历化［N］．现代渔业信息，2005-12-25.

[115] 鲁伟．生态产业：理论、实践及展望［J］．经济问题，2014（11）：16-19，43.

[116] 韩晓飞．海水工厂化养殖循环经济模式研究［D］．青岛：中国海洋大学，2012.

[117] 农业农村部．国家级海洋牧场示范区建设规划（2017—2025年）[EB/OL]. http://www.gov.cn/gongbao/content/2018/content_5277757.htm.

[118] 中国水产养殖网．这四种环保高效的新型养殖模式将大力推广[EB/OL]. http://www.shuichan.cc/news_view-345657.html.

[119] 唐启升．水产养殖绿色发展咨询报告[M]. 北京：海洋出版社，2017.

[120] 赵建军，毛明芳．加拿大环境与可持续发展科技创新及对我国的启示[J]. 中国人口·资源与环境，2009，19（3）：150-155.

[121] 赵玉杰．加拿大水产养殖业发展研究[J]. 中国渔业经济，2011，29（4）：172-176.

[122] 李天，Max Troell. 水产生态养殖技术的应用分析[J]. 中国渔业经济，2011，29（1）：168-176.

[123] Maroni K. Monitoring and regulation of marine aquaculture in Norway [J]. Journal of Applied Ichthyology，2000，16：192-195.

[124] 高强，余粮红，郑珊．美国和日本工业化海水养殖模式及借鉴[J]. 世界农业，2017（12）：50-57.

[125] 潘丹．考虑资源环境因素的中国农业生产率研究[D]. 南京：南京农业大学，2012.

[126] Seiford L M，Zhu J. Modeling Undesirable Factors in Efficiency Evaluation [J]，European Journal of Operational Research，2002，142（10）：16-20.

[127] Chung Y H，Färe R，Grosswkopf S. Productivity and undesirable outputs：a directional distance function approach [J]. Journal of Environmental Management，1997，51：229-240.

[128] 刘瑞翔．资源环境约束下中国经济效率的区域差异及动态演进[J]. 产业经济研究，2012（2）：43-52.

[129] Fare R，Grosskopf S，Pasurka Jr C A. Environmental production functions and environmental directional distance functions. Energy，2007，32（7）：1055-1066.

[130] Fare R, Grosskopf S, Weber W L. Shadow Prices Of Missouri Public Conservation Land [J]. Public Finance Review, 2001, 29 (6): 444-460.

[131] 左永彦．考虑环境因素的中国规模生猪养殖生产率研究 [D]. 重庆：西南大学，2017.

[132] 封永刚，彭珏，邓宗兵，等．面源污染，碳排放双重视角下中国耕地利用效率的时空分异 [J]，中国人口资源与环境，2015，25 (8)：18-25.

[133] 李谷成，范丽霞，成刚，等．农业全要素生产率增长：基于一种新的窗式 DEA 生产率指数的再估计 [J] 农业技术经济，2013 (5)：4-17.

[134] 成刚．数据包络分析方法与 MaxDEA 软件 [M]. 北京：知识产权出版社，2017.

[135] 涂正革．环境、资源与工业增长的协调性 [J]. 经济研究，2008 (2)：93-105.

[136] 李焕彰，钱忠好．财政支农政策与中国农业增长：因果与结构分析 [J]. 中国农村经济，2004 (8)：38-43.

[137] Breusch T, A Pagan. The LM test and its Applications to Model Specification in Econometrics [J]. Review of Economic Studies, 1980, 47: 239-254.

[138] 陈强．高级计量经济学及 Stata 应用 [M]. 北京：高等教育出版社，2014.

[139] Wooldridge J M. Econometric analysis of cross section and panel data [M]. Cambridge: MIT Press, 2002.

[140] Greene W H. Econometric Analysis [M]. 4th Edition. London: Pearson Education, 2000.

[141] 苏川东，侯玥，黄龙，等．养殖户选择生态养殖模式的影响因素调查研究——以山东省养鸡业为例 [J]. 山东农业大学学报（社会科学版），2009，11 (4)：70-75.

[142] 邬兰娅，齐振宏，黄炜虹，等．生猪养殖户生态养殖模式采纳意

愿及其影响因素研究 [J]. 农业现代化研究，2017，38 (2)：284-290.

[143] 边大庆，骆新荣，石晶．果农发展生态养殖的意愿及影响因素实证研究 [J]. 家畜生态学报，2018，39 (10)：70-74.

[144] 蒋艳萍，吕建秋，叶延琼，等．广东水产行业生态养殖现状调查与对策研究——基于珠海市白蕉镇的水产业调查 [J]. 广东科技，2014，23 (18)：12-15.

[145] 刘雪芬，杨志海，王雅鹏．畜禽养殖户生态认知及行为决策研究——基于山东、安徽等 6 省养殖户的实地调研 [J]. 中国人口·资源与环境，2013，23 (10)：169-176.

[146] 赵丽平，邱雯，王雅鹏，等．农户生态养殖认知及其行为的不一致性分析——以水禽养殖户为例 [J]. 华中农业大学学报 (社会科学版)，2015 (6)：44-50.

[147] 张云华，马九杰，孔祥智，等．农户采用无公害和绿色农药行为的影响因素分析——对山西、陕西和山东 15 县 (市) 的实证分析 [J]. 中国农村经济，2004 (1)：41-49.

[148] 黄凯南．认知理性和演化经济学方法论的发展 [J]. 制度经济学研究，2009 (1)：1-25.

[149] 王丽川．物联网的应用对水产品供应链竞争力提升的研究 [D]. 广州：华南理工大学，2012.

[150] 张倩云．基于第三方检测的鲜活水产品安全问题的演化博弈分析 [D]. 杭州：浙江工业大学，2014.

[151] 张莉，侯云先．生鲜乳生产模式转变的演化路径—基于市场机制与补贴机制的博弈分析 [J]. 哈尔滨工业大学学报 (社会科学版)，2017，19 (2)：119-125.

[152] 张莉．基于质量安全的乳制品供应链主体行为协调研究 [D]. 北京：中国农业大学，2017.

[153] 江世英，李随成．考虑产品绿色度的绿色供应链博弈模型及收益共享契约 [J]. 中国管理科学，2015，23 (6)：169-176.

[154] 陶建宏，王京芳，张蓉．基于 LCIA 的产品绿色度评价方法及应

用［J］. 软科学，2015，19（3）：10-13.

［155］左志平，齐振宏. 供应链框架下规模养猪户绿色养殖模式演化机理分析［J］. 中国农业大学学报，2016，21（3）：131-140.

［156］游达明，朱桂菊. 基于演化博弈的企业生态技术创新行为研究［J］. 科技管理研究，2015，35（4）：6-11，17.

［157］Fridernan D. Evolutioaary games in economics［J］. Econometrica，1991（9）：637-666.

［158］左志平，齐振宏，胡剑，等. 生猪供应链绿色运营模式演化路径及影响机理分析［J］. 农业现代化研究，2017，38（2）：275-283.

后　记

本人及所在的研究团队长期从事海洋可持续发展领域的研究工作，本人近年陆续主持、参与了相关的研究项目，尤其是在进入博士研究生阶段的学习之后，我的研究工作侧重于海洋渔业可持续发展的评价与管理方面。

本书是我在福建农林大学经济管理学院攻读博士学位期间所完成的博士学位论文的基础上，经过进一步的补充、修改和完善而形成的最终研究成果。这项研究与我之前的研究工作有所区别，但又是我参与相关科研任务的视角的拓展和内容的延续。在开展研究的过程中，我深深地感受到海水养殖生态化发展研究的重要性和紧迫性，但限于数据资料的可得性，以及出于研究范围的考虑，本书只对其中的关键问题进行了分析。同时，我们在研究过程中发现了现存的一些问题和有待进一步深入研究的内容，这些问题对于海洋生态化养殖业的研究和发展十分重要，应该纳入研究的框架内，这也将是本人今后科研中的重要研究方向之一。

本书是在我的博士生导师魏远竹教授的悉心指导下完成的。在攻读博士学位期间，魏老师不仅对我的学业进行了悉心指导，还在思想和学术能力培养等方面给予了帮助。

在博士学位论文的选题、开题、调研、撰写、定稿和答辩过程中，以及本书的写作过程中，魏老师给予了很多帮助，及时修正研究过程中出现的偏差，确保了研究的顺利开展。魏老师严谨的治学精神、精益求精的工作态度，不断地激励和鼓舞着我。在此，谨向魏老师表达我最诚挚的感谢和崇高的敬意。

感谢福建农林大学经济管理学院的谢帮生教授、王文烂教授、戴永务教授、杨建州教授等，他们都对本书提出了许多宝贵的修改建议和建设性意见。谢忱之情，无以言表。

感谢许小晶、韩雅清、林俊杰、王姿燕、于浩、卢秋佳、陈晓芳、王君怡、蔡尚恒等同门的兄弟姐妹，感谢魏秀华、黄宰胜、林雅娜、周磊、陈燕翎等博士同学的深厚友谊，谢谢大家给予的诸多关照和帮助。

衷心感谢宁德师范学院的领导和同事们对我攻读博士学位的大力支持。

本书能够顺利付梓，得到了福建省以马克思主义为指导的哲学社会科学学科基础理论研究基地“闽东特色乡村振兴之路研究中心”（闽社科规［2020］1号）之重大项目“闽东乡村特色产业全产业链建设研究”（FJ2020MJDZ043）和“闽东特色的乡村生态振兴之路研究”（FJ2020MJDZ046）的资助；还得到福建省财政专项研究课题“福建海洋经济强省建设研究”（闽财教指［2014］78号）、福建省高校特色新型智库项目“精准扶贫与反返贫研究中心”（闽教科［2018］

50 号）、福建省科技计划项目“生态约束视角下福建省渔业经济发展方式转变研究”（2017R0087）、宁德师范学院创新团队项目“闽东海洋经济可持续发展研究团队”（2015T01）和宁德师范学院科研发展资金项目（2016FZ06、2017FZ06、2020FZ01）的资助。

由于作者水平和各方面主客观条件所限，书中难免还有不少疏漏或不足之处，敬请各位同行专家学者和读者批评指正。

张　群

2021 年 6 月

图书在版编目（CIP）数据

环境约束下海水养殖生态化发展研究 / 张群，魏远竹著. —北京：中国农业出版社，2021.8
ISBN 978-7-109-28593-4

Ⅰ.①环… Ⅱ.①张… ②魏… Ⅲ.①海水养殖—水产养殖业—生态化—产业发展—研究—中国 Ⅳ.①F326.43

中国版本图书馆 CIP 数据核字（2021）第 150147 号

中国农业出版社出版
地址：北京市朝阳区麦子店街 18 号楼
邮编：100125
策划编辑：边　疆
责任编辑：姚　佳
版式设计：杜　然　　责任校对：吴丽婷
印刷：北京大汉方圆数字文化传媒有限公司
版次：2021 年 8 月第 1 版
印次：2021 年 8 月北京第 1 次印刷
发行：新华书店北京发行所
开本：880mm×1230mm　1/32
印张：7.5
字数：230 千字
定价：55.00 元